청소년을 위한 인문학콜라보 5

한반도 최초의 히어로들

ⓒ문부일, 2024

초판 1쇄 발행 2024년 4월 30일

지은이 문부일
펴낸이 김혜선 **펴낸곳** 서유재 **등록** 제2015-000217호
주소 (우)04034 서울 마포구 잔다리로7길 18(서교동 377-20) 504호
전화 070-5135-1866 **팩스** 0505-116-1866 **대표메일** seoyujaebooks@gmail.com
종이 엔페이퍼 **인쇄** 성광인쇄

ISBN 979-11-89034-80-1 43910

청소년을
위한
인 문 학
콜 라 보
5

한반도 최초의 히어로들

건국 신화 속에 숨어 있는 놀라운 비밀

마우스파더 지음

서유재

차례

고조선 단군왕검

왜 하늘에서 내려와 나라를 세웠을까? • 9

애니미즘, 토테미즘, 샤머니즘이 궁금하다고?
『삼국사기』와 『삼국유사』, 뭐가 다를까?

고구려 주몽

왜 그렇게 고생을 할까? • 47

마지막 부여국
동명왕과 주몽은 다른 사람이라고?
백제는 왜 신비로운 건국 신화가 없을까?

가야 김수로

한 번에 여섯 명이 태어났다고? • 81

옛 사람들은 어떻게 살았을까?
특별한 귀화인을 소개할게!
우리나라와 일본은 어떻게 교류했을까?

탐라국 삼신인
땅속에서 올라와 **나라**를 세웠다고? • 115
  김녕사굴의 전설 속으로!
  제주 사람들을 괴롭힌 것들

신라 박혁거세 · 석탈해 · 김알지
알에서 태어난 **까닭**은? • 141
  이차돈의 목에서는 정말 흰 피가 흘렀을까?
  흉노가 궁금하다고?
  연오랑과 세오녀는 왜 신라를 떠났을까?

글쓴이의 말 • 174
참고한 자료들 • 178

고조선
단군왕검

왜 하늘에서 내려와 나라를 세웠을까?

인간 변신 프로젝트 캠프에 참가하고 싶습니다!

참가비 무료, 숙식 제공! 지구를 살리는 채식 식단, 참을 수 있습니까?

Welcome! 도전하는 동물은 아름답다!

육식동물 호랑이를 채식으로 학대했다고 신고할 거야.

넌 성격이 문제야! no pain, no gain!

채식한다고 사람이 될까?

공짜니까 일단 먹자.

드디어 사람이 된 웅녀!

……ㅠㅠ

ㅋㅋㅋ

내년 캠프에 꼭 와!

우리나라에서 가장 유명한 할아버지는 누굴까?

산타 할아버지라고?

그분은 세계적으로 인지도가 높은 해외파잖아.

국내파 중에서 선택을 한다면?

맞아, 고조선을 세운 단군 할아버지야!

종종 단군을 세종대왕, 정조대왕처럼 한 명의 왕으로 생각하는 사람들도 있더라.

'단군'은 고조선 시대의 왕들을 통칭하는 이름이야. 그래서 역사 기록에도 단군이 수천 년을 살았다고 나와.

중요한 것 하나 더 알려줄게.

단군 할아버지가 세운 고조선의 진짜 이름은 조선이야. 그런데 왜 고(古)조선이라고 부르는 걸까? 고려 시대, 일연 스님이 『삼국유사』를 쓸 때, 단군왕검이 세운 '조선'과 위만이 세운 '위만조선'을 구분하려고 옛 고(古) 자를 붙였어. 태조 이성계가 세운 조선과 구분하려고 고조선이라고 했다는 의견도 있는데 이것은 근대 이후의 해석이라고 해. 이성계는 단군이 세운 조선을 이어받겠다는 큰 뜻을 담아 나라 이름을 조선이라고 했을 거야.

단군 할아버지가 고조선을 세웠다는 기록은 『삼국유사』에
처음 나와. 기원전 '요임금 즉위 50년(기원전 2284년)'에 단군이
아사달에 도읍을 정하고 우리나라 최초의 나라를 건국했다고
해. 흔히 기원전 2333년에 고조선을 건국했다고 알려져
있지만 사실 언제 세웠는지 정확히는 알 수 없어.

다만 일연 스님이 중국의 이상적인 왕이었던 요임금이
살던 때로 설정한 까닭이 무엇이었을지 생각해 볼 수는 있을
것 같아.

어쩌면 우리 역사도 중국만큼 오래되었다고 강조하고
싶었던 것은 아닐까?

역사학자들은 여러 자료를 바탕으로 해서 고조선은
중국의 요령 지방과 한반도 북부 지역을 영토로 삼았다고
추측하고 있지.

단군과 관련해서 많은 사람들이 오해하는 것이 있어. 단군
할아버지가 우리 민족의 시작이라고 생각하기도 하는데
그전에도 한반도에는 사람이 살고 있었어. 단군 할아버지는
우리나라 최초의 국가인 고조선을 세운 건국자야. 헷갈리면
안 되겠지?

고조선 건국 전, 어떤 일들이 있었는지 살펴보면 많은
사람들이 오해하는 그 부분도 쉽게 풀릴 거야.

자, 그럼 단군 할아버지가 태어나기 전, 그 시대로 함께
떠나볼까?

단군 할아버지의
부모님을 아시나요?

먼저 단군 신화를 다시 살펴볼게.

먼 옛날 하늘나라 황제 환인의 아들인 환웅이 인간 세상으로
내려가 사람들을 다스리고 싶어 했어. 그러자 아버지인 환인이
아들에게 왕의 권위를 보여 주는 물건인 천부인을 주며
허락했어. 또 바람의 신, 비의 신, 구름의 신도 함께 보냈지.
천부인 세 개가 청동검, 청동방울, 청동거울이라고 말하기도
하지만 이에 대한 근거는 없어.

마침내 환웅은 자신을 따르는 3천 명의 무리를 이끌고
태백산 꼭대기에 있는 나무인 신단수 아래로 내려왔어.

왜 하필 산이냐고? 산은 하늘과 가까워서 예로부터 신성한 곳으로 여겼지. 그래서 산에서 제사를 지내곤 했어.

나무도 중요해. 하늘을 향해 뻗어 있는 나뭇가지를 보면서 옛날 사람들은 나무가 하늘과 땅을 연결한다고 믿었어. 그런 까닭에 지금도 오래된 나무 아래에서 기도를 하기도 해.

그렇게 해서 땅으로 내려온 환웅에게 곰과 호랑이가 찾아와 사람이 되고 싶다고 간절하게 말해. 고민 끝에 환웅은 백 일 동안 동굴 속에서 쑥과 마늘을 먹으면 사람이 된다고 말해 줬어.

참고로 마늘은 요즘 우리가 먹는 마늘이 아니라 들에서 자라는 달래라고 해. 고조선 건국 즈음에 우리나라에는 마늘이 없었으니까.

어쨌든 그 비법을 듣고 동굴에서 채식을 하며 '인간 변신 프로젝트' 캠프에 참여하던 호랑이는 도저히 참지 못하고 뛰쳐나가 버렸지. 하지만 곰은 매운 마늘을 우적우적 씹으며 독하게 그 시간을 이겨 내고 여자로 변신을 해.

그 후 곰과 환웅은 혼인을 했고 이 둘 사이에서 태어난 사람이 바로 단군이야.

사람이 하늘에서
내려온다고?

단군 신화를 있는 그대로 받아들여 정말 곰이 사람이 되었다고
믿는 건 아니겠지?

신화는 그 안에 담긴 상징들을 하나하나 살펴봐야 그 의미를
제대로 알 수 있어. 이제부터 낱낱이 파헤쳐 볼게.

먼저, 하늘에서 내려온다는 건 무슨 의미일까?

첫 번째, 하늘의 자손이 땅으로 내려와 왕이 되었으니
백성을 다스릴 자격이 충분하다고 알리는 거야. 어려운 말로
'지배의 정당성'이라고 해. 백성들 입장에서도 자신들처럼
평범한 사람이 아니라 신처럼 능력이 많은 위대한 존재니까
우러러볼 거야. 이런 이야기를 '천손강림신화'라고 하지.

두 번째로, 하늘은 다른 지역을 상징하기도 해. 다른
곳에 살던 환웅이 그 지역으로 옮겨 와 자리를 잡는 과정을
이야기에 담았다고 볼 수 있어. 즉 환웅은 다른 지역에서 온
이주민이라고 할 수 있지.

이렇게 환웅을 비롯해 다른 건국 신화의 주인공들인 고구려의 주몽, 신라의 박혁거세, 김알지, 석탈해, 가야의 김수로, 탐라의 고, 양, 부, 삼을나의 탄생을 보면 하늘에서 내려오거나 땅에서 올라와. 심지어 알에서 태어나기도 해. 모두 다른 지역에서 옮겨 와 자리를 잡았다는 의미를 담고 있어. 그러면 대부분의 건국 신화의 주인공들이 이주민이라고 할 수 있냐고? 맞아!

다르게 생각해 본다면, 그 지역에서 태어나 쭉 살아온 사람은 신비로운 건국 신화의 주인공이 될 수 없다는 뜻이기도 하지. 무슨 말인지 아리송하다고?

태어날 때부터 그 지역에 쭉 살아 서로의 형편을 다 아는데 갑자기 자신이 하늘의 자손이라고 우기면 누가 믿을까? 오히려 비웃음만 사겠지? 반대로, 자신의 정체를 전혀 모르는 낯선 곳으로 옮겨 가서 하늘의 자손이라고 하면 누군가는 믿을 수도 있잖아.

자, 이번에는 환웅 세력이 태백산 지역으로 옮겨 갈 때 풍경을 생각해 보자.

그 지역에는 여러 토착 세력들이 이미 터를 잡고 살고

있었을 거야. 그런데 어느 날 환웅 세력이 3천 명의 부족을 이끌고 나타났으니 토착 세력들 입장에서는 땅을 빼앗기지 않으려고 치열하게 싸웠겠지. 하지만 환웅 부족은 농사짓는 기술도 뛰어났고 우수한 청동기 문화도 갖고 있었어.

마침내 토착 세력과의 싸움에서 이긴 환웅 부족은 그 지역의 백성들에게 지배자로 인정을 받기 위해 자신들은 하늘에서 내려온 위대한 존재라고 강조하면서 신비로운 신화를 만들어 널리 퍼트렸을 거야.

그럼 세력 다툼에서 진 토착 세력들의 입장에서도 생각해 보자.

그 지역에서 힘을 갖고 있던 토착 세력이 새로운 세력과의 싸움에서 지면 백성들 보기가 민망하잖아. 그래서 구겨진 자존심을 회복하는 데 이런 신화를 활용하여 '그들은 하늘에서 내려온 특별한 존재라서 애초에 이길 수 없었어! 내가 무능한 게 절대 아니야!' 이렇게 변명할 수 있지. 그 이야기를 들은 백성들도 '하늘에서 온 사람을 이기기는 어렵잖아!' 수긍하며 고개를 끄덕였을 거야.

이처럼 패배한 토착 세력들도 이런 건국 신화가 자신들한테 유리하다고 판단해서 널리 퍼트렸을 거야. 그래야 싸움에서 졌지만 자존심을 지키면서 새로운 세력과 함께 힘을 합쳐서 나라를 세우고, 지배권을 유지할 수 있으니까.

날씨 삼 형제, 바람의 신, 비의 신, 구름의 신

바람의 신, 비의 신, 구름의 신이 환웅과 함께 땅으로 내려왔다고 했잖아.

바람, 비, 구름은 날씨를 뜻해. 환웅 부족은 날씨, 나아가 자연의 변화를 예측할 수 있는 집단이라는 뜻이야.

날씨를 예상하는 능력은 언제 가장 중요할까?

맞아, 농사지을 때 꼭 필요해! 그러니까 환웅 부족은 당연히 농사짓는 기술도 있었을 거야.

그럼 건국 신화에서 농사짓는 기술을 왜 강조하고 있을까?

농사를 짓기 전, 사람들은 먹을거리를 구하려고 사냥을

하거나 채집을 했겠지. 그 과정에서 다치거나 죽기도 했을 거야. 또 사냥에 성공하지 않으면 먹을거리를 구할 수도 없어.

그런데 한곳에 머물면서 집을 짓고 농사를 지으면 안정적으로 먹을거리를 구할 수 있어. 경제적으로 여유가 생기니 자연스럽게 아이도 많이 낳으면서 사회 규모가 커져.

농사를 짓는 앞선 능력을 갖고 있는 환웅 부족은 경제적 문제를 해결해 주는 고마운 존재잖아. 그 덕분에 새로운 지역에 갔을 때 백성들에게 인기를 얻고 지배자가 되었을 거야.

이 부분은 중요한 의미를 담고 있어.

고대 사회든 현대 사회든, 지도자의 중요한 덕목 중 하나는 경제 문제 해결이잖아. 단군 신화 역시 나라를 잘 다스리려면 지도자는 가장 먼저 먹고사는 문제를 해결해야 한다고 강조한 셈이지.

그 덕분에 환웅 부족은 사람들의 응원과 지지를 받아 새로운 지역에 빨리 자리를 잡을 수 있었어.

이 부분에서 민심은 천심이라는 유명한 말이 떠올라. 국민의 지지와 응원이 없으면 지배자는 권력을 지키기 어려워. 그래서 지도자는 국민의 마음을 살피려고 늘 노력해야 해. 국민의 뜻을 무시하고, 힘으로 억누르는 지도자는 언젠가는 권력에서 쫓겨나 비참하게 죽음을 맞이하거든.

그렇다면 지혜롭고 유능한 지도자를 어떻게 선택할 수 있을까?

유럽의 사보이아공국의 정치철학자 조제프 드 메스트르(Joseph de Maistre)는 1800년대 초에 '모든 국민은 자신들의 수준에 맞는 정부를 가진다'는 유명한 명언을 남겼지.

지혜로운 국민이 훌륭한 지도자를 갖는다는 뜻이 아닐까?

사람이 되고 싶은
곰과 호랑이

아주 옛날, 사람들은 호랑이나 곰 같은 동물들을 무서워하면서도 한편으로는 그 동물처럼 강해지고 싶어서 우러러보았어. 그래서 동물이나 식물을 신처럼 받드는 토테미즘이 생겨.

단군 신화에 나오는 호랑이와 곰을 보니 뭔가 알 것 같다고?

역시 눈치가 빠르네!

환웅이 태백산 신단수 아래로 내려왔을 때, 그 지역에는 호랑이를 숭상하는 부족과 곰을 숭상하는 부족이 자리를 잡고 있었을 거야.

호랑이와 곰을 부족의 숭배 대상으로 정한 이유를 추측해 볼게.

호랑이가 육식 동물이니까 호랑이 부족은 수렵을 하며 먹을거리를 구했을 거야. 또 공격적이라서 다른 동물과는 쉽게 결합하기 어렵지. 이런 호랑이의 특성과 호랑이 부족이 연결되지 않았을까?

반면 곰은 잡식성이라서 다양하게 먹으니까 곰 부족은 수렵 사회에서 농경 사회로 변화하는 과정을 의미한다고 생각할 수 있어. 특히 곰은 겨울에 오랫동안 깊은 잠을 자는 특성이 있는데, 이것은 이동 생활을 끝내고 한곳에 정착하는 부족의 모습을 반영하고 있지 않았을까?

어때? 이렇게 상상하면서 고대 사회의 풍경을 바라보는 것도 재미있지?

깊은 고민에
빠지다

환웅 부족이 태백산 아래로 이사를 갔는데 그 지역에 살던 곰
부족, 호랑이 부족과 싸워서 이겼어.

그 이후, 곰과 호랑이 부족의 부족장은 동굴에 갇혀서 깊은
생각에 빠졌을 거야. 환웅 부족과 힘을 합칠 것인가. 아니면
다른 지역으로 도망가서 살 것인가.

아무리 생각해 보아도 호랑이 부족장은 환웅 부족과의
결합을 받아들이기 힘들었어. 호랑이는 사냥하면서 사는
부족인데 농사를 짓는 환웅 부족과는 힘을 합치기가 어렵지.
반면 곰은 상황이 달랐어. 이미 정착해서 농사도 시작했으니,
환웅 부족과 함께하기로 했다면 과한 상상일까?

예상대로 호랑이 부족은 도망을 가고, 곰 부족은 환웅
부족과 평화롭게 살기로 했어. 이것을 혼인이라는 아름다운
이야기로 신화에 담아낸 거야.

이렇게 환웅 부족은 곰 부족과 힘을 합친 뒤, 고조선을 세울
수 있었어. 여기서 중요한 점은 환웅 부족의 능력이 뛰어나도

곰 부족의 도움이 없었다면 고조선은 탄생할 수 없었다는 거야.

이처럼 단군 신화에는 삶의 방식과 문화가 다른 사람들이 힘을 합쳐야 사회가 발전하고 국가로 성장할 수 있다는 뜻이 담겨 있지.

흔히 사람이 두 명만 모여도 갈등이 생긴다고 하잖아. 그것은 예나 지금이나 마찬가지야. 수백, 수천만 명이 모인 국가는 의견도 수천 수만 가지라서 잘 통합해야 안정적으로 발전할 수 있지. 그래서 고조선은 널리 사람을 이롭게 한다는 홍익인간 정신을 강조했을 거야.

혼인을 많이 하는 이유는?

건국 신화를 보면 혼인한 이야기가 참 많이 나와.

혼인은 두 가지로 바라볼 수 있어.

하나는 정말 혼인을 해서 부부가 되는 거야.

역사에서 보면 혼인은 두 세력을 단단하게 만들어 주는

연결고리잖아.

고려를 세운 왕건도 지방 호족 세력들과 힘을 합치려고 혼인 동맹을 맺어서 부인이 무려 29명이었어. 백제의 성왕도 딸을 신라의 진흥왕에게 시집보냈잖아.

다른 하나는 두 세력이 힘을 합치는 모습을 아름답게 꾸미는 거야. 보통 '여자' 쪽은 힘이 약한 세력을 뜻하는데 치열하게 전쟁을 하던 두 세력이 혼인해서 가족이 되었다고 아름답게 이야기를 만들면 어때? 뭔가 평화롭게 힘을 합치는 것처럼 보이잖아. 그래서 건국 신화에서 혼인 이야기는 두 세력의 통합을 의미하는 경우가 많아.

여기서 잠깐! 건국 신화에는 형제 이야기도 종종 나와.

예를 들면 백제 건국 이야기에서는 비류와 온조가 형제라고 하는데 진짜 형제였는지는 알 수 없어. 이런 이야기를 시조 형제설화(兄弟說話)라고 해.

그러면 왜 형제 이야기가 나올까? 형제라고 하면 두 세력이 가족처럼 더 가까워 보이잖아. 물론 형이 더 큰 힘을 갖고 있는 사람이야.

요즘도 힘이 비슷한 두 사람이 싸우고 나서 화해한 뒤,

우리는 형 동생 사이로 지내기로 했다고 말하기도 하잖아.
그것과 비슷한 의미라고 할 수 있지.

웅녀가 이렇게 대단한
능력자였다니!

우리나라 역사 기록에 가장 먼저 나오는 여성은 단군
할아버지의 어머니 웅녀야.

단군 신화는 환웅이 땅으로 내려오는 전반부, 곰이 웅녀가
되어서 단군을 낳는 후반부로 나눌 수 있는데, 후반부를 이끌어
가는 주인공이 웅녀잖아.

환웅 부족이 앞선 문명을 갖고 태백산으로 옮겨 갔을 때,
그 지역에 살고 있던 곰 부족은 더 강력한 세력 앞에서 우리는
어떻게 할까 고민했을 거야.

이렇게 힘든 상황을 맞닥뜨리고 슬퍼하며 포기하는 사람도
있지만 그 상황을 정확하게 바라보며 기회로 삼는 사람도 있어.
바로 우리의 웅녀처럼!

웅녀가 왜 대단한지 모르겠다고? 그녀에 대해서 더
알아볼게.

단군 신화를 보면 곰 부족과 호랑이 부족이 먼저 환웅에게
가서 어떻게 하면 사람이 될 수 있는지 물어보잖아. 환웅이
곰 부족, 호랑이 부족을 잡아다가 사람이 되라고 다그친 게

아니야. 오해하면 안 돼.

곰 부족은 그때 이미 엄청난 계획을 세우지 않았을까?
환웅이 아무리 똑똑해도 자신들의 도움 없이는 나라를
세우기 힘들다는 걸 이미 알고 있었지. 그래서 나라를 세울
때 적극적으로 도와서 자신들도 힘을 키우겠다고 마음먹었을

거야.

아마도 호랑이 부족은 그런 생각을 못 했던 것 같아. 그러니 동굴에서 삼칠일이 되기 전에 도망갔겠지.

하지만 꿈을 갖고 있는 곰은 힘든 시간을 충분히 이길 수 있었어! 웅녀는 어려운 현실 앞에서 포기하지 않고, 더 큰 꿈을 꾼 셈이지.

그렇게 노력해서 곰은 마침내 웅녀가 되었어.

여기서 끝이 아니야. 웅녀는 사람이 된 것으로 만족하지 않고 그다음도 치밀하게 계획했던 거야.

다들 알겠지만 환웅과 혼인해서 아들을 낳겠다고 마음먹고 매일 신단수 아래에서 간절하게 기도를 한 사람은 바로 웅녀야. 아주 당당하고 적극적인 성격이라고 할 수 있어.

그렇게 계획하고 노력한 덕분에 마침내 웅녀는 환웅과 혼인하고 단군까지 낳았어.

신화는 여기에서 끝나지만, 상상해 본다면 웅녀는 왕의 어머니였으니 엄청난 힘을 갖는 여성 지도자이기도 하지 않았을까? 또 힘든 시간을 이겨 낸 경험이 있으니 약자의 아픔, 패배한 사람들의 마음도 헤아리는 지도자가 되지 않았을까?

이런 적극적인 캐릭터인 웅녀를 보면서 우리는 무엇을 배워야 할까?

'힘들더라도 포기하지 않고, 세상의 흐름을 살펴보며 구체적으로 계획을 세운다'는 어때? 그 소중한 꿈이 힘든 시간을 버티는 힘이니까.

반대로 꿈이 없는 사람은 힘들면 바로 포기하고, 좌절하고, 그러면서 더 힘들어지는 악순환에 빠지잖아. 그래서 철저하게 계획하는 연습, 현실을 정확히 보는 힘이 필요한 것 같아.

웅녀가 큰 꿈을 꾸지 않았다면, 단군을 낳지 못했을 테고, 그러면 우리나라 최초의 국가인 고조선은 탄생하기 어려웠을 거야.

단군이 무당이라고?

옛날 사람들은 '왜 아플까?', '왜 흉년이 들까?' 궁금했지만 그 답을 알 수는 없었어. 대신 모든 걸 하늘의 뜻으로 생각할 뿐이었지. 그러다 보니 하늘의 뜻을 아는 사람이 필요했겠지?

하늘에 제사를 지내는 제사장, 즉 무당이 그 일을 했는데 무당의 무는 한자로 '巫'야! 한자를 눈여겨보면 무당은 하늘과 땅 사이를 연결하는 사람(人)이라고 풀이할 수 있지.

평범한 백성들은 무당이 하늘의 뜻을 알고 있어서 사람들을 치료하고, 가뭄에는 비를 내리게 하는 힘이 있다고 믿었어. 이렇게 사람들이 무당들을 믿고 따르니, 그들은 자연스럽게 지도자가 될 수 있었지.

놀라운 사실 하나 알려줄게.

우리가 흔히 쓰는 단골손님을 뜻하는 단골이라는 말의 시작이 꽤 흥미로워.

단골은 '당골'이 변한 말인데, 당골은 무당을 뜻해. 예전에 당골을 자주 찾아가 굿을 부탁하는 사람을 당골 손님이라고 했어. 그게 변해서 지금 단골이 된 거야.

그러면 왜 무당을 당골이라고 했을까?

믿기지 않겠지만, 당골이라는 낱말은 먼 옛날 단군에서 시작되었다는 의견이 있지. 당골, 단군, 발음이 비슷하지? 고대 사회에서 왕은 종교 지도자인 무당의 역할도 같이 했으니까 그런 주장이 나왔을 거야. 신라 시대 두 번째 왕인 남해왕을

차차웅이라고 불렀는데 그 말에도 무당이라는 의미가 담겨
있대.

단군이라는 말의 시작을 두고 다른 의견도 있어.

대표적으로 단군이라는 말이 '탱그리'라는 말에서
시작했다는 주장이지.

먼 옛날 북방 민족들은 하늘에 제사를 지내는 샤먼, 즉
무당을 '탱그리'라고 불렀어.

탱그리와 단군, 두 낱말을 발음해 보면 조금 비슷하지?
그래서 학자들은 '탱그리'를 한자로 적어 단군이 되었다고도
해. 즉 단군은 하늘에 제사를 지내는 사제, 무당을 뜻하는 말인
거지.

여러 가지 의견을 정리하면 단군이라는 말에는 무당, 샤먼의
의미가 있으니 단군은 종교 지도자라고 할 수 있지.

거기에다가 정치 지도자를 의미하는 왕검을 더해서
단군왕검으로 부르는 거야. 고대 국가는 제사장이 정치를 하던
제정일치 사회였잖아.

애니미즘, 토테미즘,
샤머니즘이 궁금하다고?

✿

고대 사람들은 사랑하는 가족을 잃거나, 태풍과 홍수 등 자연재해가 일어나면 왜 이런 일이 일어날까, 답을 찾기 시작해. 그러면서 시련을 주는 존재가 있다고 생각해. 그리고 그 존재에게 기도를 하면 소원을 이루어 준다고 믿으며 의지하지. 당연히 그 존재 덕분에 힘들 때 위안도 얻을 수 있었어. 그렇게 시작된 것이 원시종교인데 세 가지 방식으로 나뉘어.

먼저 애니미즘이야.

산, 강, 달, 바위 등에 영혼이 있다고 믿으며 기도하는 거야. 애니미즘은 농업과 깊은 연관이 있다고 해. 한곳에 정착을 해 농사를 지으면서 날씨가 중요해져 해, 달, 별 등을 숭배하게 된 거지. 물도 중요하니 강도 숭배 대상이 된 거야. 그 흔적은 지금도 남아 있어서 정월 대보름에 환한 달을 보며 기도하잖아. 또 큰 산이나 바위에서 기도하기도 해. 여기서 잠깐! 애니미즘을 동물 숭배로 착각하는 경우가 많아. 아마도 동물(animal)이 애니미즘과 단어가 비슷하기 때문일 거야. 애니미즘은 라틴어로 혼, 영혼, 생명을 뜻하는 애니마(anima)에서 온 거야.

두 번째는 토테미즘이야.

자신의 부족이 신성하게 여기는 동물을 수호신으로 섬기는 방식이야. 단군 신화에 나오는 호랑이, 곰이 대표적이지. 아마도 그 동물들처럼 강해지고 싶다는 마음도 있었을 거야.

마지막으로 샤머니즘은 종교 지도자인 샤먼이 신의 뜻을 사람들에게 전해 주는 방식이야. 아프면 어떻게 해야 나을 수 있는지, 나쁜 기운을 막는 방법 등을 전해 주는 샤먼의 힘은 의학, 과학이 발전하지 않았던 옛날 절대적이었겠지. 우리나라에는 무당이 있어. 우리나라 무당 중에는 여성이 많아서 그 부분을 외국에서 주목해. 종교 지도자가 대부분 남성인데, 우리나라 무속은 여성 중심이잖아. 아마도 조선 시대의 유교가 남성 중심이라 여성들은 무속에 의지하며 위안을 삼았기 때문일 거야.

놀랍게도 과학과 의학이 발전한 지금도 우리에게 샤머니즘의 영향은 커! 결혼할 때 궁합이 좋은지, 신년 운세는 어떠한지, 언제 이사하면 좋은지 등을 물어보는 사람이 많아. 먼 옛날이나 지금이나 사람은 누군가에게 기대고 싶어 하잖아. 또 건강하게 살면서 돈도 많이 벌고 싶어 해. 그래서 최첨단 AI 시대에도 사람들은 계속해서 점집을 찾을 거야. 그런 마음을 노려서 심리를 지배해 돈을 뜯어내는 못된 사이비 종교, 나쁜 종교인도 있으니까 조심해야겠지?

샤먼이 무슨 뜻이야?

서양에도 무당과 같은 존재들이 있는데, 영어로는 샤먼이라고 해. 그 낱말에서 샤머니즘이라는 말이 나왔지. 무당을 뜻하는 샤먼은 '지혜가 있는 자'라는 뜻인 퉁구스어 '사만'에서 시작되었어.

그런데 왜 하필 지혜가 있는 자라고 했을까?

무당이 지도자 역할도 했으니, 지도자에게 지혜가 가장 중요하다고 강조하는 거야. 여기서 시선을 끄는 것은 지식이 아니라 지혜라는 점이야.

왜 지식이 아니라 지혜가 중요하다고 했을까?

지혜와 지식은 언뜻 같아 보이지만 많이 달라.

어느 학자가 말하길, 지식은 남이 깨우쳐 주는 것, 지혜는 경험하면서 스스로 깨우치는 것이라고 했어. 또 지식은 책을 읽어서 얻고, 지혜는 자신과 타인의 마음, 세상의 흐름을 읽어서 아는 것이라고 했어.

지식과 지혜의 차이를 생각할수록 지식보다 지혜 쌓기가 어려운 것 같아. 지혜는 책을 많이 읽고 경험을 많이 해야 얻을 수 있으니까. 그리고 다른 사람들과 마음을 나누면서 자신이 모르는 것들을 겸손하게 배워야 지혜를 쌓을 수 있잖아. 그래서 먼 옛날 사람들도 지식보다 지혜를 더 강조했나 봐. 특히 나라를 다스리는 지도자에게 필요한 덕목이 지혜라고 말하는 까닭을 생각해 봐야 할 거야.

지식보다 얻기 어려운
지혜

우리 사회에는 어린이 청소년들에게 '공부만 열심히 해!'라면서 성적을 우선시하는 어른들이 참 많아. 그러다 보니 청소년들이 다양한 경험을 할 시간이 없고, 다른 사람을 만나 소통할 기회도 없어. 당연히 책을 읽을 시간도 부족해 지혜를 얻기 힘들어.

혹시 우리는 학교 공부를 잘하고, 명문대를 나오면 지혜롭고 현명하다고 착각하는 것은 아닐까?

지혜보다 지식의 중요성만 강조하는 사회는 어떻게 될까?

다들 잘났다고 뽐내기 바빠서 다른 사람의 의견을 듣지 않고,
자신보다 지식이 없는 사람을 무능하다고 업신여길 거야.
그러면 갈등이 너무 많아 끔찍한 세상이 돼.

특히 국민을 대표해서 나라를 다스리는 정치인은 더
지혜로워야 해!

만약 지도자가 자기 생각만 옳다고 주장하면 어떻게 될까?

자신과 생각이 다른 사람들의 의견을 존중하면서 타협하고,
설득하는 노력을 하지 않으면 갈등이 커져서 그 사회는
혼란스러울 거야. 그러면 사회가 불안해서 경제 발전이 될 수
없고, 국방도 튼튼할 수 없어. 그런 까닭에 아주 먼 옛날부터
모든 사람들, 특히 지도자에게 지혜를 강조한 거야.

공부는
왜 하는 것일까?

어떻게 해야 지혜로워질 수 있냐고?

먼저 어린이 청소년들이 학교에서 지혜를 얻는 교육을

받아야 한다고 생각해. 이 부분에서 단군 신화에 나오는
홍익인간 정신을 다시 떠올리게 돼.

갑자기 교육과 홍익인간 정신이 무슨 상관이냐고?

우리나라 교육기본법 제1장 2조를 보면, "홍익인간 이념
아래 민주국가 발전과 인류 공영이 교육의 목적"이라고 되어
있으니까. 사람들이 함께 번영을 누리려면 서로 화합하고
소통해야 할 테니, 넓게 풀이하면 지혜로움과 연결이 되잖아.

그러면 우리나라 교육은 홍익인간 정신을 담고 있을까?
안타깝게도 아직은 그 뜻과는 거리가 있는 것 같아.

국가인권위원회에서 우리나라 교육의 특징을 성과주의,
경쟁주의라고 분석했어. 우리 사회는 청소년들에게 성적을
높여서 취업을 잘할 수 있는 대학에 가는 게 중요하다고
목소리를 높이고 있으니 정확한 분석이지.

이렇게 학교에서 성적, 지식을 너무 강조하다 보니 공부를
못해서 스트레스를 받는 어린이 청소년이 참 많아.

사실 청소년기는 여러 가지 공부, 활동을 하며 무엇을
잘하는지, 어떤 성격인지 알아가고, 성인이 되어서 어떻게
살아갈지 준비하는 시기라고 생각해.

예를 들어, 어떤 청소년이 이야기를 창작하는 재능이 있어서 많은 사람들에게 희망을 주는 좋은 작품을 쓸 수 있는데 창작을 한 번도 해 보지 않아서 그 재능을 발견하지 못한다면 너무 안타깝잖아. 그래서 청소년기에는 많은 경험을 해 봐야 해.

또 봉사 활동이나 캠프에 참가해서 여러 사람을 만나는 활동을 많이 해야 소통하는 법을 배울 수 있어. 무엇보다 그런 활동이 중요한 이유는 자신의 장단점을 파악할 수 있기 때문이야. 낯선 사람들 사이에서, 어려운 상황에서 자신이 어떤 성격인지 잘 나타나거든. 만약 이기적이고 자기중심적인 모습을 마주한다면 그 부분을 고칠 수 있잖아.

그렇게 여러 가지 경험을 하다 보면 자연스럽게 다른 사람의 마음, 세상의 흐름도 파악하는 힘이 생기지. 그런 것이 쌓이면 지혜가 된다고 앞에서 말했잖아.

하지만 오로지 학교, 학원, 독서실에서 공부만 하면 어떻게 될까?

지식은 많이 쌓을 수 있겠지만 자신이 어떤 성격인지, 무엇을 잘하는지 알기 어렵겠지. 또 너무 경쟁에 몰입하면 성과에만 집착하게 될 거야.

친구들과 경쟁을 하면 성과가 좋아진다고 강조하는 사람도 있어. 물론 효과가 있을 거야. 하지만 경쟁의 부작용도 만만치 않아. 요즘 우울증으로 상담받는 청소년이 급증하고 있고, 사회성이 부족해서 친구들과 유대 관계를 맺기 어려워 고민하는 경우도 많잖아. 이 부분이 해결이 안 되면 불행하다고 말하는 청소년이 점점 더 늘어날 거야.

그렇게 청소년기를 보내고 어른이 되면 또 다른 문제로 이어질 수도 있어.

그러면 앞으로 우리는 어떻게 해야 할까?

지식과 지혜를 모두 얻을 수 있는 균형 잡힌 공부를 해야 해. 그래서 교육기본법에 홍익인간 정신을 강조했을 거야. 자신과 다른 사람, 그리고 이 세상을 널리 이롭게 하는 공부가 절실하게 필요하니까. 예전에는 '공부해서 남 주냐'는 말들을 했는데, 이제는 정말 공부해서 남 주는 시대가 되어야 해.

그래서 힘들 때 서로 챙겨 주고 격려해 줄 수 있으면 좋겠어.

홍익인간이 왜 중요해?

단군 신화에 담긴 중요한 가르침은 홍익인간이야.

"인간을 널리 이롭게 하라!"

이 중요한 말씀이 오랜 세월을 거쳐 지금까지 전해지는

까닭은 무엇일까?

홍익인간에 담긴 깊은 뜻은 예수님의 '사랑', 부처님의

'자비', 공자님의 '인'과 같이 사람이라면 누구나 실천해야 하는

중요한 가르침이야. 인간을 널리 이롭게 하려면, 우선은 나부터

행복해야겠지. 그러기 위해 우선 가족끼리 사랑하고, 친구와

다투지 않도록 노력하는 것부터가 그 시작이 아닐까? 어쩌면

홍익인간의 근본은 자신을 사랑하는 마음일 거야. 이때 자신을

먼저 사랑하는 마음은 자기 자신만 챙기고 자기중심으로

생각하는 그런 이기심이 아니야. 나를 사랑해야 건강을 지키기

위해 운동하고, 목표를 세워서 꾸준하게 노력하고, 주변

사람과도 다툼 없이 잘 지낼 수 있어. 그리고 사회에 잘못된

문제가 있다면 바꾸기 위해 목소리를 낼 수도 있겠지.

나를 사랑하지 않는다면 아무런 노력도 하지 않겠지.

친구들과 다투고, 몸에 해로운 음식을 먹으며 무기력하게
살아갈 거야. 될 대로 돼라 식으로 희망 없이 사는 삶, 너무
끔찍하지 않아?

제발 이제 실천하자!

갑질, 꼰대 등 요즘 우리 사회에 유행하는 신조어를 알고 있어?
이런 말들이 신조어로 유행한다는 건 그만큼 회사, 군대, 학교
같은 곳에서 불합리한 일이 일어나고 있다는 뜻이야. 특히 외국
언론들도 갑질, 꼰대라는 말을 주목하고 있는데, 이 낱말들이
우리 사회의 모습을 잘 보여 주기 때문일 거야.

꼰대는 자신이 아는 것만을 정답이라고 믿으며, 다른
사람에게도 그 생각을 따르라고 강요해. 사람마다 성격, 상황이
다른데도 그 다름을 인정하지 않고, 자신이 옳다고 주장하면
당연히 갈등이 생겨. 이렇게 선을 넘는 꼰대의 행동은 갑질과
폭력으로 이어지는 거고.

요즘 회사 내 갑질, 학교 폭력, 가정 폭력 등이 늘어나면서

우울증 환자도 급증하고 있다고 해. 더 안타까운 일은 스스로 삶을 마감하는 사람이 늘어나고 있다는 점이야. 심지어 우리나라가 OECD 국가 중에서 자살률 1위라고 하잖아. 심각하다고 말만 하지 말고 홍익인간 정신을 실천해 보면 어떨까.

그러기 위해 일상생활에서 할 수 있는 일이 뭐가 있을까?

장난으로라도 친구들을 괴롭게 하거나 심한 말을 하지 말아야지. 나아가 어려운 친구들한테는 도움을 줘야 해. 예를 들어, 친구가 학교 폭력을 당할 때 모른 체하지 말고 선생님께 얘기하거나 경찰에 신고해야 해. 다른 사람의 고통을 외면하지 않고 돕는 사회가 되어야 내가 힘들 때 누군가 도와줄 테니까.

앞에서 말했잖아. 홍익인간 정신을 실천하면 내가 행복해질 수 있다고.

여기서 잠깐!

인간을 널리 이롭게 하려면 우리가 살아가는 터전인 자연환경도 소중하게 지켜야 해. 환경 파괴가 이제 우리의 삶을 위협하고 있으니까.

연구 결과를 보면 지금처럼 이산화탄소를 배출하면

2100년에는 해수면이 무려 82센티미터 높아져 제주도 대부분이 물에 잠겨서 30만 명이 다른 지역으로 옮겨 가야 한대. 또 부산 해운대가 사라지고, 서해안과 남해안에도 사람이 살 수 없을 거라고 해.

이제는 정말 환경을 지키려고 실천해야 돼. 선택이 아니라 필수야.

생활 속에서 조금씩만 노력하면 환경을 보호할 수 있어. 방법도 어렵지 않아. 탄소 배출을 줄이려면 대중교통이나 자전거를 타면 좋아. 가까운 거리는 걸어가면 더 좋지. 플라스틱 병을 버릴 때는 라벨을 떼어 내야 해. 그래야 재활용할 수 있대. 종이컵 대신 텀블러 사용을 생활화하고 집 안에 켜져 있는 불필요한 전기는 없는지 살펴 스위치를 내리는 습관을 들여 보면 어떨까. 자원을 아끼니 절약도 되고 환경도 지킬 수 있어.

인간을 널리 이롭게 하는 방법을 지식으로 모두 알고 있더라도 실천해야 지혜가 생기는 법! 왜 환웅, 웅녀, 단군 할아버지 가족이 홍익인간을 강조했는지 이제 알겠지?

물론 나부터 실천할게!

『삼국사기』와 『삼국유사』, 뭐가 다를까?

『삼국사기』와 『삼국유사』, 무슨 차이가 있을까?

『삼국사기』는 현재까지 전해지는 역사책 중 가장 오래되었어. 고려 인종 때 발간했는데, 저자인 김부식은 유학자 출신이야.

유학은 현실적, 합리적 사상을 중요하게 여기잖아. 그래서 『삼국사기』는 객관적 사실을 중심으로 기록해 기이한 신화, 귀신 이야기는 다루지 않아. 그런 까닭에 당연히 불교 설화를 비롯해 단군 신화는 나오지 않지. 물론 삼국의 역사만 기록했으니, 고조선 건국 신화는 나올 수 없지.

김부식은 중국 한나라 때 유학자인 사마천이 쓴 『사기』의 구성 방식을 본받아서 『삼국사기』를 저술했어. 그래서 제목도 『삼국사기』가 아닐까?

사마천의 『사기』는 기전체 방식으로 썼어.

기전체는 본기, 열전, 표, 지로 구성되어 있어. 본기는 제왕의 이야기를 연월 순서대로 쓰고, 열전은 신하, 제후의 이야기를 기록해. 본기와 열전이 핵심이라서 기전체라고 하는 거야. 그리고 표는 연표, 인명표 등이 있고, 지에는 본기, 열전에 들어가지 않는 사회의 중요 사항을 정리해 놓았어.

『삼국사기』는 총 50권으로 본기가 28권(신라·통일신라 12권, 고구려 10권, 백제 6권), 연표 3권, 지는 9권, 열전 10권이야.

『삼국사기』가 국가에서 편찬한 관찬사서라면, 『삼국유사』는 일연 스님 개인이 쓴

사찬사서라고 할 수 있지. 그러다 보니 자유롭게 내용을 선택할 수 있었어.

『삼국유사』는 총 5권 2책으로 이루어졌는데 상권인 1, 2권은 역사를 다루고, 하권 3, 4, 5권은 불교 내용이 중심이야.

여기에서 중요한 것 하나 알려줄게.

『삼국유사』의 '사'는 한자로 역사 '史' 자가 아니라 일 '事'를 써. 유사(遺事)는 남겨진 사실, 빠진 사건을 의미하지.

일연 스님은 『삼국사기』에 없거나 소홀하게 다른 내용을 채워 넣으려고 『삼국유사』를 쓴 것 같아. 그런 까닭에 고조선을 비롯하여 마한, 진한, 변한, 가야, 부여 등 많은 나라의 역사를 담아 의미가 있어. 또 역사 기록 못지않게 전설, 설화 등 사람들의 입에서 입으로 전해지는 이야기도 중요하게 여겨서 많이 다뤄. 그 덕분에 흥미로운 이야기책으로도 손색이 없어.

책 제목은 『삼국유사』인데 왜 고조선부터 시작했을까?

일연 스님이 『삼국유사』를 쓸 때, 고려는 몽골의 간섭을 받고 있었어. 그래서 고조선, 단군왕검 이야기를 강조해 우리 역사 또한 중국 못지않게 오래되었다고 알리고 싶었을 거야.

이렇게 『삼국유사』와 『삼국사기』는 서로 부족한 면을 채워 주고 있어서 역사를 더 깊이 살펴볼 수 있어.

고구려
주몽

왜 그렇게 고생을 할까?

고구려 건국 신화는 주인공인 주몽이 워낙 유명해서
많이들 알고 있을 거야.

주몽이 널리 알려진 이유는 아마도 많은 어려움을 겪고
성장하기 때문일 거야. 그런 까닭에 드라마로 만들어져서
인기를 얻기도 했어. 어려움을 이겨 내며 앞으로 나아가는
드라마 속 주몽을 보면서 같이 웃고, 울면서 감동한 사람들이
많았어. 주몽처럼 당당하게 살아가겠다고 다짐하며 자신감을
키우기도 하고 말이야. 주몽이 사람들에게 '롤 모델'이 된
셈이지.

그런데 주몽은 왜 그렇게 고생을 많이 했을까? 궁금하지
않아?

태어나자마자
고생 시작

고구려 건국 신화는 광개토대왕릉비를 비롯해『삼국유사』,
『삼국사기』등에 많이 기록되어 있어. 중심 이야기는

비슷하지만 기록마다 구체적인 부분이 조금씩 달라.

여기서는 가장 유명한 이야기만 짧게 소개할게.

주몽의 아버지는 하늘을 다스리는 천제인 해모수야.

해모수가 강가에서 놀고 있는 물의 신인 하백의 딸 유화와
인연을 맺고 하늘로 돌아가 버려. 이 일을 알게 된 하백은
유화를 집에서 쫓아내.

유화가 우발수 강가에서 울고 있는데 지나가던 동부여의
금와왕이 도움을 줘.

그렇게 해서 유화는 금와왕을 따라 궁궐로 들어갔어. 어느
날부터 햇빛이 그녀를 계속 비추더니 임신을 해. 시간이 흘러서
유화는 알을 낳아. 아버지는 당연히 해모수겠지?

금와왕은 불길하다며 알을 깊은 산에 버리라고 해.

그런데 버려진 알은 짐승들의 보호를 받아. 그 소식을 들은
금와왕은 알을 다시 유화에게 보살피라고 했어.

그 알에서 사람이 태어나는데, 바로 주몽이야.

어려서부터 활을 잘 쏘아 사람들이 주몽이라 불렀어. 주몽은
활을 잘 쏘는 사람이라는 뜻이야.

이렇게 주몽이 뛰어난 실력을 갖고 있으니, 금와왕의 아들인 대소왕자 등이 시기 질투하며 죽이려 했어. 자신들보다 능력이 뛰어난 주몽이 왕의 자리를 차지할 수도 있으니까.

그 사실을 눈치챈 어머니 유화는 아들에게 도망치라고 해. 주몽은 오이, 마리, 협보 세 친구와 함께 동부여를 떠나. 그 소식을 들은 대소왕자의 세력들이 추격을 해.

주몽은 그들을 피해 남쪽으로 내려가다가 큰 강을 만나자 이렇게 기도해.

"나는 천제의 아들이며, 강의 신인 하백의 외손자이다. 지금 나를 쫓는 자가 뒤를 따르니 위험하구나. 내가 강을 건널 수 있도록 도와 달라."

그러자 자라와 물고기 들이 물 위로 올라와 다리를 만들어 줬어. 주몽은 강을 무사히 건너 목숨을 지킬 수 있었지.

주몽은 남쪽으로 향했고 드디어 졸본에 정착하여 졸본 왕의 둘째 딸과 혼인해서 세력을 키워. 그 후 고구려를 세우고 동명성왕이 돼.

고구려 건국 신화에도 천손강림 이야기가 있다는 것,

눈치챘어?

주몽의 아버지가 천제인 해모수라고 했으니 주몽도 하늘의 자손이 되는 셈이야. 특히 해모수라는 이름은 태양을 상징하고 있어.

신화에서 태양은 왕, 권력을 뜻해. 그리고 햇빛은 사람들에게 아주 중요해. 햇빛이 있어야 농사도 지을 수 있잖아.

또 외가는 물의 신이라고 강조했는데, 그 지역에서 농사를 중요하게 여겼다고 추측할 수 있어. 물이 없으면 농사를 짓기 어렵잖아.

정리하면 주몽의 아버지는 하늘의 황제이고 외할아버지는 물의 신이라고 했으니 주몽은 완벽한 존재, 하늘에서 왕이 되라고 정해 준 특별한 인물이 되는 셈이야.

요즘 표현으로 '금수저 출신'이라고 할 수 있지.

왜 알에서 사람이 나와?

건국 신화에는 하늘의 자손이 땅으로 내려온다는 천손강림,
알에서 사람이 태어난다는 난생 신화, 두 가지 유형이 많아.

주몽은 천손강림형인 단군과 다르게 알에서 태어나잖아.

이렇게 난생 신화로 풀어낸 이유가 궁금하지?

옛날 사람들은 새가 하늘과 땅을 이어 준다고 믿었어. 또,
새가 낳은 알은 하늘에서 내려준 특별한 선물이라고 생각했지.
그 알에서 사람이 태어났으니 엄청난 능력이 있다고 여겼을
거야.

다른 뜻도 있어. 알은 곡식의 씨앗과도 모양이 비슷하지?
난생 신화가 퍼져 있는 곳에서는 농사를 중요하게 여겼다고 볼
수 있어. 그리고 씨앗은 생명, 시작을 말하기도 하는데 알에서
태어난 사람이 강한 생명력을 갖고 나라를 세운다는 뜻도 담고
있지.

이렇게 난생 신화는 국가를 세운 사람의 권위를 높이려고
의도적으로 만들어서 중국이나 그리스, 로마 신화에서도
나타나. 우리나라 건국 신화에서는 박혁거세, 주몽, 김수로왕,

석탈해, 김알지 등이 알에서 태어나지. 특히 알이 금으로 만든 궤짝 속에 들어 있는 경우가 많아. 그러면 알이 더 특별해 보이잖아.

주몽을 도와주는
고마운 소서노

『삼국유사』, 『삼국사기』에는 주몽의 건국 과정을 구체적으로 전하고 있어. 그 내용은 비슷해.

　『삼국유사』에는 졸본부여의 왕이 아들이 없고 딸만 셋이 있는데, 주몽의 능력을 알아보고 둘째 딸과 혼인을 시켜. 그 이후 주몽이 그 자리를 물려받는다고 나와 있지.

　『삼국사기』 백제의 시조 온조왕 부분을 보면, 부여 왕의 둘째 딸과 혼인한 주몽은 그 이후 왕위에 올라. 그리고 큰아들 비류, 작은아들 온조를 낳았다고 했어.

　『삼국사기』 비류 설화를 보면, "주몽은 소서노가 나라를 세우는 데 도와주어서 그녀를 아꼈고, 그녀의 아들 비류와 온조를 자기 자식처럼 대했다"라고 적혀 있어.

소서노가 누구냐고? 졸본부여의 5부족 중 소노부 부족장의 딸이야. 그녀는 우태와 혼인해서 비류와 온조 두 아들을 낳았다고 해. 남편 우태가 일찍 죽어 혼자되었지만 아버지의 경제력과 정치력 덕분에 그 지역에서 권력을 차지할 수 있었지. 그 이후 동부여에서 쫓겨 온 주몽을 만나.

무예에 뛰어난 주몽과 소서노가 힘을 합치니 새롭고 강력한 세력이 돼.

주몽은 소서노와 혼인을 했고, 소서노의 도움을 받아 졸본 남쪽에 도읍을 정하고 고구려를 세웠어.

주몽이 나라를 세우는 과정을 보여 주는 여러 가지 이야기를 정리하면, 주몽은 새로운 곳으로 옮겨 가 그 지역의 토착 세력과 결합해서 권력을 차지한 거야. 여기에는 주몽 못지않은 배포와 능력을 갖고 있었던 탁월한 여성 지도자 소서노도 큰 힘이 되었겠지.

역사학자들은 주몽이 동부여의 앞선 문화를 전해 줘서 졸본 지역 백성들에게 인정을 받았으리라 추측해.

부여까지
오국 시대라고?

고구려는 부여와 긴밀하게 연결된 나라야.

부여하면 어떤 것들이 생각나? 충청남도 부여가 떠오른다고? 맞아! 고대 국가 부여와 충남 부여는 밀접한 관계가 있지.

부여에 대해서 알아야 우리나라 고대사를 더 깊이 살펴볼 수 있어.

부여는 지금의 만주에 터를 잡은 나라야. 그러다 보니 우리나라에서 많이 연구하지 않아 조금은 낯설지. 사실 부여 연구가 본격적으로 이루어진 지 얼마 되지 않았어.

안타깝게도 부여가 스스로 남긴 역사 기록은 없어. 그래서 다른 나라 역사책에 나온 정보와 출토된 유물을 근거로 살펴봐야 해.

부여의 첫 수도는 현재 중국의 길림시인데 그곳의 노하심 유적에서 철제갑옷, 철검이 많이 발견돼. 고대 국가에서 철은 국력의 상징이니, 철제 유물에서 부여의 힘을 짐작할 수 있지.

그뿐만 아니라 정교하게 만든 금동제말장신구, 금동안장
들도 발굴됐는데, 부여 사람들의 금을 다루는 솜씨가 얼마나
뛰어난지 알 수 있어.

부여는 법률도 매우 엄격해서 도둑질하면 12배로 갚고,
사람을 죽이면 사형, 가족은 노비로 삼았대.

이렇게 강한 국가로 성장하려면 먼저 경제력이
뒷받침되어야 하잖아.

마지막 부여국

백제 성왕은 고구려가 남쪽으로 내려오는 것을 막고 영토를 확장하기
위해 북진 정책을 강력하게 추진해. 그러면서 자신들이 부여의 계승자
라는 걸 널리 알리려고 도읍을 사비성으로 옮기고 이름을 남부여라고
바꿔.
그 남부여의 마지막 도읍인 사비성이 지금의 충남 부여잖아.
백제는 왜 나라 이름을 남부여로 바꿨을까?
강대국 부여의 힘을 이어받아 고구려를 이기겠다는 백제 사람들의 간
절한 소망을 담았다고 볼 수 있지.

부여는 토지가 넓고 비옥해 여러 가지 곡식을 생산했지.
또한 송화강 등 강과 큰 호수가 있어서 어업도 발달했어.
목축업도 발전했는데, 초원이 넓어서 소를 잘 사육하고 명마가
많이 나왔다는 기록이 있어. 관직명에 마가(말), 우가(소),
저가(돼지), 구가(개) 등의 이름을 붙인 걸 보면, 목축업을
중요하게 여겼을 거야.

부여를 다른 나라에서 어떻게 평가했는지 살펴볼게.
중국 역사서인 『삼국지』 「동이전」에 "그 나라(부여)는 매우
부유하고, 선조 이래 남에게 패해 본 일이 없고, 집집마다
갑옷과 무기를 갖고 있었다"라고 기록하고 있어.

이런 부여의 문화와 기술력은 고구려와 백제, 신라, 가야에
강한 영향을 끼쳤지. 그래서 삼국과 더불어 가야, 부여까지
더해서 오국 시대, 동예와 옥저까지 포함해 열국 시대라고
불러야 한다고 해.

그런데 부여 하면 북부여, 동부여, 홀본부여 등 너무 많은
나라들이 떠올라.

역사학자마다 의견이 다른데, 대체로 북부여는 원래의
부여를 말해.

졸본부여는『삼국사기』에는 '졸본(卒本)'으로 표기했지만,
광개토대왕릉비에 기록되었듯이 '홀본(忽本)'이 정확하대.
소서노 등의 세력이 장악한 홀본부여에 주몽이 힘을 더해서
훗날 고구려를 세워. 중국 역사서『위서』에도 "고구려는
부여에서 나왔다"라고 적혀 있어.

동부여는 부여가 선비족의 공격을 받았을 때, 부여족의
일파가 세운 나라로 봐. 광개토대왕 때 고구려에 통합되어서
역사 저편으로 사라지고 말아.

그리고 시간이 한참 흘러 한반도 남쪽, 백제 땅에
남부여라는 나라가 세워져.

주몽만 부모가
있는 이유는?

신라, 가야의 신화에는 박혁거세, 김수로, 김알지, 석탈해 등
주인공만 등장하고 어머니, 아버지가 누구인지 나오지 않아.
심지어 어디에서 태어나서, 어떻게 그 지역에 왔는지 최소한의

정보도 주지 않아. 그 이유는 무엇일까?

첫 번째는 아마도 신라, 가야가 나라를 세울 때, 한반도 동남부 주변에 강력한 국가가 없었기 때문일 거야. 그런 까닭에 주변 세력들을 신경 쓰지 않아도 되었을 테고, 신화의 주인공이 갑자기 나타나서 하늘의 자손이라고 우겨도 큰 문제가 없었어.

두 번째는 박혁거세, 김수로, 김알지, 석탈해 등 모두 그 지역과 관련이 없는 이주민이라서 부모가 누구인지 밝히지 않아도 되었다는 거야. 박혁거세, 김수로가 신비롭게 태어난 뛰어난 인물이라고만 강조하면 그 지역 사람들에게 인정받을 수 있었지.

그런데 고구려 주몽 신화에는 아버지, 어머니가 누구인지, 어느 지역에 살다가, 무슨 일로 도망을 쳤는지까지 소설처럼 자세하게 나와. 주몽은 박혁거세, 김수로와 무엇이 다른 것일까?

아마도 그때 사람들은 고구려가 부여에서 갈라져 나왔다고 알고 있는데, 갑자기 부여와의 관계를 완전히 끊어 버린 채로 주몽을 하늘에서 내려왔다고 할 수 없었을 거야. 그러니 어머니를 부여와 인연이 깊다고 하면서 연결을 시키는 거야.

무엇보다 주몽과 부여를 연결시켜야 하는 중요한 까닭이 있어.

당시 한반도 북부에는 부여라는 강대국이 있고, 다들 부여의 백성이라고 생각하며 살고 있었지. 그런 상황에 주몽은 자신이 나라를 새롭게 세울 수밖에 없는 사연이 있다고 널리 알려야 했을 거야. 그러면서 부여의 대소왕자 등이 질투심에 눈이 멀어 자신을 죽이려고 해서 도망쳤다고 강조하지 않았을까? 그 이야기를 들은 백성들이 주몽을 안쓰럽게 바라보며 응원했을 거야. 누구나 힘든 시간을 견뎌 낸 사람을 보면 감동하면서 도와주고 싶어 하잖아. 주몽은 일종의 심리전을 펼쳤던 거지.

고생해야 하는
운명이라고?

단군은 환웅과 웅녀 덕분에 고조선을 세워. 신라의 박혁거세, 가야의 김수로 모두 촌장들의 도움을 받으며 왕이 돼. 탐라국의 삼을나도 땅에서 올라와서 권력을 차지해.

하지만 주몽은 어때? 죽을 고비를 여러 번 넘겨야 하는 아주 가혹한 운명이야.

먼저, 어머니인 유화부인이 알을 낳았을 때도 금와왕이 불길한 징조라고 해서 버리라고 해. 그런데 알은 기어코 살아남아서 다시 어머니 품으로 돌아가지.

태어난 이후에도 가혹한 삶이 기다리고 있어.

활을 잘 쏘고, 말을 잘 키우는 능력자라서 시샘하는 사람이 많았어. 그중에서도 특히 금와왕의 아들들이 주몽을 죽이려고 했어.

하지만 지혜로운 주몽은 그들과 싸웠다가는 무조건 질 테니 일단 도망쳐. 삼십육계 줄행랑을 실천한 거야.

삼십육계 줄행랑이 뭐냐고?

『삼십육계』는 병법서인데 36번계 가르침을 보면 상대가 강해서 싸우기가 힘들 때는 일단 도망을 친 다음 힘을 충분히 키워 싸우는 것이 현명하다고 해. 깜냥도 안 되는데, 자존심을 세우며 무턱대고 덤비는 어리석은 선택을 하지 말라는 뜻이야. 더 크게 승리하려면 약할 때는 굽히거나 일단 피해서 방법을 찾아야 해.

훗날 고구려가 부여를 차지했으니, 주몽의 삼십육계 줄행랑은 성공한 셈이지.

도대체 주몽은 왜 이렇게 주야장천 고생을 할까?

당시 한반도 북부에 강한 세력이 많아서 힘이 약했던 주몽이 나라를 세우기 어려웠다는 뜻이 아닐까?

만약 주몽도 한반도 남부에 나라를 세웠다면 이렇게까지 고생하지 않아도 되었을 거야. 힘든 상황을 견뎌 내고 뜻을 이루는 삶, 그것이 바로 주몽의 운명이야.

주몽을 꼭 닮은
고구려의 운명

부여의 철기 문화를 이어받은 고구려는 철기 생산이 활발했어.

특히 철기 농기구와 무기 덕분에 강력한 국가로 발전하는 발판이 되는데, 문제는 땅이었지. 당시 고구려 수도는 압록강의 한 갈래인 동가강 유역의 졸본이었어. 산이 많고 들판이 적어서 농사짓기가 어려웠지.

백제, 신라, 가야와 다르게 한반도 북쪽 척박한 땅에 자리를 잡고 있어 날씨가 춥고, 비옥한 땅이 적으니 당연히 농업 생산량도 많지 않았어.

그런데 그것보다 더 힘든 일이 있었어. 중국과 국경을 맞대고 있어서 당시 최강 강대국인 수나라, 당나라와의 전쟁을 피할 수 없다는 거야.

먼저, 수나라와 고구려의 전쟁을 살펴볼게.

중국의 어수선한 위진남북조 시대가 끝나고 수나라 문제가 중원을 통일해. 그의 아들인 양제는 대운하까지 만들며 국력을 자랑하지. 대운하 덕분에 군사, 군량미를 쉽게 이동할 수 있어서 말레이반도, 베트남까지 수나라의 영향력이 미쳤어.

수나라는 고구려까지 차지하려고 30만 대군을 이끌고 침략해. 하지만 고구려의 성이 튼튼하고 산악 지대라 전투를 하기 어려웠어. 물론 군량미 보급도 힘들었지. 추운 날씨마저 수나라 편이 아니어서 고구려군은 대승을 거뒀어.

하지만 수나라는 포기하지 않았고, 다시 113만 명이 고구려로 쳐들어가. 역사학자들은 당시 고구려 인구가 300만 명 정도라고 추정하고 있어. 수나라 군대가 얼마나 많았는지 알겠지?

그들은 먼저 요동성을 차지하려고 했지만 고구려군이 똘똘
뭉쳐 막아 냈어.

수나라는 작전을 바꿔서 30만 명의 별동대를 이끌고
압록강을 건너 바로 평양성을 공격해.

고구려도 가만히 앉아서 당하지는 않았어. 을지문덕 장군이
압록강 근처 살수(지금의 청천강)에서 세계 역사에서도 찾기
어려운 대승을 거둬. 수나라군 30만 명 중 살아서 돌아간 자가
2700명에 불과하다고『삼국사기』에 적혀 있으니, 고구려
사람들이 얼마나 치열하게 싸워서 나라를 지켰는지 알겠지?

수나라는 대운하를 만드는 등 무리하게 토목 공사를 해서
백성들의 원성이 커졌는데, 고구려와의 전쟁까지 패하면서
나라의 힘이 약해졌어. 결국 곳곳에서 반란이 일어나 38년 만에
망해.

그 이후 중국을 차지한 당나라도 호시탐탐 고구려를 노렸어.
물론 고구려도 천리장성을 쌓으며 철저하게 준비를 했지.

당나라 태종은 고구려가 신라를 공격했다는 핑계를 대며
20만 명의 군사를 이끌고 침공했어. 먼저 요동성을 무너뜨리고

안시성으로 진격하는데, 안시성 성주가 백성들과 힘을 합쳐 막아 내지. 당나라는 고구려가 만만치 않은 상대라고 확실하게 깨달았을 거야.

당 태종은 '고구려 원정을 그만두라'는 유언을 남기며 세상을 떠나. 욕심을 부리다가 수나라처럼 순식간에 망할 수 있다고 생각했을 거야.

이렇게 세계 최강 국가였던 수나라, 당나라와 싸워서 당당하게 이긴 고구려의 힘은 무엇이었을까?

고구려 사람들은 어릴 때부터 주몽 신화를 들으며 자랐을 테니, 혹시 자연스럽게 주몽의 패기, 도전정신을 이어받은 건 아닐까? 주몽의 후예라는 자부심이 고구려를 지켜 낸 거지.

만약 고구려 사람들이 저항 정신이 부족해서 수나라, 당나라를 막아 내지 못했다면 어떻게 되었을까? 한반도 전체가 그들의 속국이 되어서 우리의 정체성, 역사를 잃어버렸을지도 몰라.

주몽의 후예들이 목숨을 걸고 중국의 백만 대군을 막아 준 덕분에 우리는 찬란한 역사를 지켜 내고, 우리 고유의 문화를 꽃피울 수 있었지.

동명왕과 주몽은
다른 사람이라고?

주몽을 동명성왕이라고 하잖아.
그런데 조선 후기 실학자 정약용이 쓴 『아방강역고』를 보면 이런 구절이 나와.

> 고구려 사람들이 부여 건국 신화가 거룩하고 상서롭다는 것을 알고 그 이야기
> 를 베끼고 동명이라는 이름도 빼앗았다.

역사 기록을 찾아보면 광개토대왕릉비에 주몽을 추모왕, 추모성왕이라고 해. 동
명성왕이라고 하지 않았어. 뭔가 이상하지?
고대 중국의 역사책 『논형』에 이런 이야기가 실려 있어.

> 탁리국의 왕을 모시는 여자 시종이 하늘의 기운을 받아 알을 임신했다. 알에
> 서 아들이 태어나자 왕은 그 아들을 마구간에 버린다. 하지만 동물들이 아기
> 를 보호해 주어서 왕은 어쩔 수 없이 그 아기를 노비로 키우는데 이름을 동명
> 이라고 지었다.
> 동명은 활 솜씨가 뛰어났는데, 그러자 주변에서 시샘을 했다. 특히 동명이 왕
> 의 자리를 빼앗을까 봐 두려워 죽이려고 하니 그 소식을 들은 동명은 남쪽으
> 로 달아난다. 한참 달려서 엄호수 강에 이르렀으나 강을 건널 수 없었다. 그때
> 물고기와 자라가 다리를 만들어 줘서 무사히 건너고 그 이후 나라를 세웠다.
> 이름을 부여라고 한다.

이 이야기는 부여 신화인데 주몽 신화와 많이 비슷하지?

동명왕이 건국했다는 부여는 기원전 4세기 무렵 세워졌다고 추측하니, 고구려보다 훨씬 먼저 세워진 나라야. 그러니까 고구려가 부여의 건국 신화를 베껴서 주몽 신화로 바꿨다고 볼 수 있지.

고구려가 건국 당시에 바로 부여의 건국 신화를 표절하지는 않았을 거야. 왜냐하면 그때만 하더라도 부여가 있었으니까.

그 이후, 남아 있던 부여의 세력은 410년 광개토대왕에게 항복했지.

광개토대왕릉비가 세워진 것이 장수왕 때인 414년이고, 그 비문에 부여 건국 신화와 아주 비슷한 고구려 건국 신화가 적혀 있어. 망한 부여의 사람들이 고구려로 들어와 사는데, 그들을 받아들이려고 고구려가 신화를 표절했다는 거야.

그것보다 더 중요한 이유도 있어.

당시 한반도에 사는 사람들에게 고조선은 너무 먼 옛날에 있던 나라라서 기억에서 흐릿했을 테고, 그 자리를 부여가 대신했을 거야. 부여는 우리나라 고대 국가의 시작이라고 해도 될 만큼 상징성이 컸어. 그러니 고구려는 자신들이 부여를 이어받았다고 주장하고 싶어서 부여를 세운 동명성왕 신화를 주몽 신화로 바꿨을 거야.

시기도 중요해.

장수왕 초기에 신화를 바꿨을 거라고 추측이 되는데, 장수왕은 백제 땅을 빼앗아 영토를 넓히려고, 수도를 평양으로 옮기는 등 백제와의 전쟁을 철저하게 준비했어. 그러면서 부여의 역사와 전통은 백제가 아니라 고구려가 이어받았으니, 한반도를 차지할 자격이 있다고 알리고 싶었던 것은 아닐까?

자신을 빨리
파악해라!

주몽이 자신이 처한 상황을 정확히 알고, 꿈을 이루기 위해
노력하지 않았다면 어떻게 됐을까? 금와왕의 아들들한테
괴롭힘을 당하며 비참하게 살다가 조용히 사라져서 우리
역사에 고구려의 흔적은 없었을지도 몰라.

　자기 자신에 대해 잘 알면 미래를 준비할 수 있어. 주몽처럼
말이야!

　특히 성격은 우리 삶에서 아주 중요한 부분이야. 성격에
따라서 공부 습관, 친구 관계, 취미, 직업 선택 등 많은 것이
달라지니까. 그래서 자신이 어떤 성격인지 장단점을 명확히
파악하고 있으면 살아가는 데 큰 도움이 돼.

　만약 내성적인 사람이 활발한 성격이 유리한 직업을 어쩔 수
없이 택해야 한다면 어떻게 해야 할까?

　먼저 성격의 장점과 부족한 점, 그 직업의 특성을
살펴봐야겠지. 그리고 그 직업 안에서도 내성적인 사람이 더
잘할 수 있는 부분을 찾아서 자신의 강점을 알리면 어떨까?

낯가림이 심해 사람을 많이 만나기 어렵지만 대신 차분하고 꼼꼼한 성격에 맞는 업무를 맡으면 충분히 인정을 받을 수 있을 거야.

세상에 완벽한 것은 없다고 말하잖아. 장점이 단점이 되고, 단점이 장점이 될 수도 있어.

하늘은 스스로 돕는 자를 돕는다!

주몽 신화에서 가장 힘든 순간은 아마도 강을 건너기 직전일 거야. 자신을 죽이려는 추격자들에게 쫓기는데 배를 구하지 못했잖아.

그때 간절하게 기도했더니 강에서 물고기들이 올라와 다리를 만들어 주었어. 이 기적 같은 장면을 보면서 누군가는 부모 덕분이라고 할 수 있지. 물의 신 하백의 외손자라는 주몽의 말을 듣고 물고기들이 도와줬다고 하니까. 역시 금수저 출신이라서 다르네, 이렇게 생각할 수도 있어.

하지만 이렇게도 생각할 수 있어. 주몽은 지금까지 우여곡절을 겪으며 살아남으려고 고군분투했어. 가혹한 운명 앞에 한 번도 좌절하지 않고 스스로 문제를 해결하며 성장해 왔잖아.

하늘은 스스로 돕는 자를 돕는다고 하지. 평소에 노력하고, 준비한 사람이 애를 쓰니 하늘이 손을 내민 거야.

주몽 신화를 보며 우리는 어떤 상황 앞에서도 당당하게 맞서는 사람은 반드시 도움을 주는 사람이 나타난다는 걸 믿게 돼. 마치 주몽이 증명하고 있는 것처럼 느끼는 거지. 그래서 오늘날까지도 주몽을 좋아하는 사람들이 많은 게 아닐까.

세상을 구하는 영웅

주몽의 삶을 흔히 영웅 이야기라고 말해. 영웅은 용기와 능력, 앞날을 보는 힘을 갖고 도전하며 세상을 구하는 위대한 존재를 뜻해.

이런 영웅 이야기는 일정한 흐름이 있어. 힘든 상황에서 태어나 좌절하지 않고 계속 도전해서 하나씩 성취하며 인정받지. 그리고 그를 괴롭히는 사람, 악당이 꼭 있는데 그 녀석과 싸워서 반드시 승리해.

이렇게 영웅은 어려움을 극복하며 능력을 발휘하고, 더 나아가 사회의 문제도 해결하는 능력자가 돼. 주몽 신화는 영웅 이야기의 구조와 아주 비슷하지.

그렇다면 사람들은 왜 영웅 이야기를 좋아할까?

자신이 힘들 때, 능력 있고 선한 영웅이 나타나서 도와주기를 바라기 때문이야. 또 자신도 노력하면 그런 능력자가 될 수 있다고 믿으며 꿈을 꾸기도 해. 그래서 영웅 이야기가 인기 있는 시대는 사람들의 삶이 어렵다는 뜻이기도 해.

우리나라에서는 자신을 희생해서 나라를 구한 사람, 사회를 바꾼 엄청난 업적을 이룬 소수의 몇 명만을 영웅으로 인정하며 존경하고 있어. 그래서 이순신 장군, 안중근 의사 등 애국 영웅이 많아.

이제는 영웅의 의미가 넓어지고 있지. 물에 빠진 사람을 구하는 등 위기의 순간, 다른 사람에게 도움을 주면 그 또한 영웅이지.

그런데 이렇게 특별한 능력이 있거나 남을 도와줘야만
영웅일까?

우리 모두 영웅이니까
힘내!

영웅이 유능한 사람, 희생하는 사람이라고 강조하면, 우리는
모두 능력 있는 사람이 되어야 한다는 부담을 느낄 수 있어.
생각을 조금 바꿔 보면 어떨까?

영웅의 첫 번째 자격이 힘든 상황을 이겨 내며 성취하는
거라고 했잖아.

우리나라에서는 성취, 성공을 너무 거창하게 생각해.
무엇이든 노력해서 이뤄 내면 성취, 성공이야.

태어난 지 백일 된 아기는 뒤집기를 잘하려고 노력하고,
걷기 시작하면서부터는 부모의 품을 벗어나 어린이집과
유치원, 학교에 적응하려고 용기를 내. 고등학생들은 입시를

앞두고 최선을 다해. 청년들은 취업해서 독립하려고 애를 쓰고, 부모님 세대들은 무거운 삶의 무게를 묵묵히 견뎌 내며 가족을 챙기고 있지. 또 어르신들은 자녀들에게 기대지 않으려고 고민하지.

이렇게 우리 모두는 각자의 자리에서 어려운 문제를 해결하며 오늘도 성장하고 있어.

듣고 보니 무한경쟁 시대를 살아가는 사람들 모두 영웅이라는 생각이 든다고? 그러면 고단한 하루하루를 열심히 살고 있는 주변 사람들과 따스한 격려의 말을 주고받으면 어떨까? 물론 자기 자신에게도!

그리고 영웅은 세상을 바꾸는 사람이라고 했잖아. 우리도 열심히 사는 것에서 한 단계 나아가 가정, 학교, 회사 등 내가 속한 공동체에서 불합리한 문제, 비리, 폭력, 범죄가 벌어진다면 용기를 내어 문제 제기를 해야 해.

주몽 이야기를 보면서 찬사만 보내지 말고 이제 우리 함께 각자의 자리에서 나만의 방식으로 영웅이 되어 보면 어때?

백제는 왜 신비로운
건국 신화가 없을까?

✿

백제는 고구려와 밀접하게 연관이 되어 있어서 백제 건국 과정에 주몽 이야기가
꼭 나와.

『삼국사기』 온조 부분을 살펴보면, 주몽은 그 지역 토착 세력의 딸과 혼인 후 힘을
합쳐서 고구려를 세워. 그 부인과의 사이에 두 아들 비류와 온조가 태어나. 그러
면 그다음 왕은 당연히 비류와 온조 중에 한 사람이 되겠지?

그런데 동부여에서 주몽의 큰아들인 유리가 찾아온 거야. 비류와 온조한테는 이
복형인 유리는 온조와 비류를 제치고 고구려 제2대 왕에 올라.

왕의 자리를 빼앗긴 비류와 온조는 남쪽으로 이동했어.

큰아들인 비류는 지금의 인천인 미추홀에 나라를 세우고, 온조는 한강 유역의 위
례를 도읍으로 삼아 십제를 세워. 하지만 미추홀은 바닷가 쪽이라 습기가 많고 물
이 짜서 살기 어려웠어. 그 이후 비류 세력은 온조 세력에 흡수돼.

백제의 처음 이름인 십제는 열 명이 건너와 세운 나라라는 뜻이 있어. 그만큼 온
조를 따르는 세력이 탄탄하다는 뜻일 거야. 그 이후 앞선 문물을 갖고 있던 십제
가 마한의 작은 나라들을 통합해 백제로 이름을 바꿔. 백 개의 세력이 세웠다는
뜻이니 십제보다 훨씬 규모가 커진 것이지.

『삼국사기』 비류 부분에는 또 다른 기록도 있어.

처음 대왕이 부여에서 난을 피해 이곳으로 도망 오셨을 때, 우리 어머니께서 재산을 기울여 나라를 세우는 것을 도왔다. 지금 대왕이 세상을 떠나고 나라가 유리에게 돌아갔으니 우리가 여기에서 혹처럼 남아 있는 것보다는 어머니를 모시고 남쪽으로 가서 좋은 땅을 선택해 도읍을 세우는 것이 좋겠다.

이 글에서 대왕은 주몽을 뜻하고 어머니는 소서노를 말해.

소서노도 두 아들과 함께 고구려를 떠나 남쪽으로 향했던 거지.

여러 가지 이야기를 정리하면, 고구려 내부에서 벌어진 권력 싸움에서 밀려난 비류와 온조가 남쪽으로 와서 각각 나라를 세웠다가 훗날 온조의 십제가 통합을 했고 그러면서 이름을 백제로 바꾼 거야.

어떤 학자는 비류와 온조는 각각 다른 세력 집단을 상징한다고 해.

그러면 왜 형제라고 할까? 비류와 온조가 형제였다고 이야기를 만들면, 두 집단의 결합이 더 단단해 보이는 효과가 있기 때문이지.

그런 과정을 거쳐 국가를 세운 온조는 고구려보다 자신들이 더 부여를 계승했다고 알리고 싶어서 성씨를 부여 씨라고 했어. 백제는 부여족 계통에서 세운 나라라고 알린 셈이지.

또 부여 건국자인 동명왕의 사당을 지어 제사를 지내. 자신들이 부여의 역사를 이어받은 나라라고 강조하는 거야. 백제가 부여를 계승한다는 것만으로도 충분히 건국의 의미를 전할 수 있었을 것 같아. 그 당시 사람들한테 부여의 힘이 강했으니까.

만약 온조가 하늘에서 내려왔다거나 알에서 깨어났다는 신비로운 이야기를 만들면 부여와는 상관없는 새로운 나라가 되어 버려. 그러면 부여의 역사를 이어받았다고 할 수 없잖아.

신비로운 건국 신화가 없는 이유가 하나 더 있어.

백제는 굳이 신비로운 건국 신화를 만들면서 지배의 정당성을 알리지 않아도 되었다고 볼 수 있어. 십제라는 나라 이름에서 알 수 있듯이 온조를 따르는 세력이 많잖아. 그리고 온조와 비류는 고구려가 만들어지는 과정을 알고 있으니 백제를 세울 때 도움이 되지 않았을까?

백제와 고구려가 같은 뿌리라는 증거를 찾아본다면 무덤의 모양이야.

무덤 양식이나 제사 방식은 조상 대대로 내려오는 전통을 쉽게 버릴 수가 없어. 장례 문화는 함부로 바꾸면 벌을 받을 수 있다고 믿어서 웬만하면 그대로 따르려고 해. 고구려 사람들은 무덤을 세울 때, 돌을 쌓아 돌무지무덤을 만들었어. 유명한 장군총이 대표적이지.

백제 초기인 한강 유역 석촌동에서 발견된 무덤들은 고구려와 비슷한 계단식 돌무지무덤이야. 백제와 고구려가 뿌리가 같다는 뜻이지. 그 이후 백제가 웅진(지금의 공주)으로 도읍을 옮기면서 무덤의 모습도 많이 바뀌어. 점차 백제만의 문화를 만들어 갔다는 뜻이야.

가야
김수로

한 번에 여섯 명이 태어났다고?

혹시 '4국 시대'라는 말을 들어봤어?

삼국 시대로는 우리나라 고대 역사를 명확하게 설명하기 부족해 가야까지 더해서 살펴봐야 한다는 주장이 요즘 힘을 얻고 있지. 그만큼 우리가 가야를 잘 모른다는 뜻이기도 해.

가야 하면 무엇이 떠올라? 김수로왕, 금관가야의 수도 김해, 가야금, 가야 출신 신라 장군 김유신이 생각날 거야. 음악가 우륵도 유명해.

안타깝게도 가야는 고구려, 백제, 신라에 비해서 알려진 것이 많지 않아. 가야 스스로 역사 기록을 남기지 않았기 때문이야. 물론 가야도 역사책을 많이 남겼으나 전해지지 않았을 수도 있겠지. 역사는 이긴 자의 기록이라고 흔히 말하잖아. 그러니 싸움에서 진 가야의 역사를 신라에서 중요하게 다루지 않았을 거야.

이번 기회에 가야가 어떤 나라인지 알아볼까?

웰컴!
철의 왕국 가야

가야는 여섯 개의 작은 나라로 이루어진 연맹 왕국이야.
금관가야, 대가야 그리고 고령가야, 소가야 등이 있지.

가야 전체를 한 명의 왕이 다스리지 못했는데, 강력한
세력이 없었다는 뜻이야. 그래서 중앙집권국가로 발전하지
못하고 결국 신라에 통합되어 역사에서 사라졌어.

처음에는 지금의 김해 지역에 자리 잡은 금관가야가 가야
연맹을 이끌었지. 가야의 중심인 금관가야를 가락국이라고도
불렀는데, 그 지역에는 낙동강이 흘러. 낙동강은 가락국의 동쪽
강이라는 뜻이지. 그만큼 가락국의 힘이 대단했던 거야.

금관가야의 중심인 김해(金海)는 쇠(철)가 떠다니는
바다라는 뜻이야. 이름 그대로 그 지역에서 철을 많이
생산했지. 그래서 금관가야를 세운 김수로왕의 성씨도 김씨가
아닐까? 물론 김수로왕이 태어날 때는 성씨가 없었고 그
이후에 성을 붙였지. 어쨌든 김으로 했다는 것은 철, 금과
연관이 있다고 볼 수 있어.

가야의 역사 기록이 많지 않아서 우리는 삼국, 중국, 왜가 남긴 기록을 보며 가야의 역사를 추적해야 돼. 또한 건국 신화도 가야를 이해하는 데는 중요하지.

무시무시한 노래, 〈구지가〉!

『삼국유사』「가락국기」에 나오는 건국 신화를 짧게 소개할게.

이 땅에는 나라의 이름도, 군신의 호칭도 없었지. 아도간, 여도간 등 아홉 간(干)이 추장을 맡아 다스리고 있었어. 간이 아홉이라고 했으니 강력한 권력자가 없다는 뜻이지. 심지어 나라 이름도 없잖아. 아홉 명의 간들이 지금의 김해시 구지봉에 모여서 제사를 지내며 〈구지가〉를 불렀어.

하늘이 내게 이곳에 나라를 세우고 임금이 되라고 하셨다.
너희는 봉우리에 흙을 파면서 이렇게 노래를 불러라.
거북아 거북아 머리를 내놓아라. 만약에 내놓지 않으면
불에 구워 먹겠노라. 노래를 부르며 춤을 추면 곧 대왕을 맞아 기뻐 뛰게 될 것이다.

노래를 끝내자 하늘에서 붉은 줄이 내려오는데 그 줄을
따라가 보니 붉은색 보자기에 싼 상자가 나왔지. 그 안에는
황금알 여섯 개가 있었어. 그 알에서 가장 먼저 태어난
사내아이가 바로 김수로야.

아기는 열흘 만에 어른이 되어서 금관가야의 왕이 되고
나머지 다섯 명도 다른 가야의 왕이 돼.

앞에서 건국 신화 읽는 법을 배웠으니, 이런 이야기가 무슨
뜻인지 알겠지?

맞아! 그 지역에 살고 있던 토착 세력인 구간들과 가야
지역에 새로 들어온 김수로왕 세력이 힘을 합쳐서 나라를
세웠다고 풀이할 수 있어. 물론 김수로왕이 힘이 더 강해서,
구간들이 왕으로 떠받드는 축제를 벌이는 모습이야.

그런데 고조선, 고구려의 건국 신화와 다른 점이 있다고?
역시 똑똑하네.

단군왕검, 주몽은 한 명만 태어나는데, 여기는 여섯 명이

나타나서 신기하지?

　아마도 혼자서 가야의 전체 땅을 차지하기에는 힘이
부족했다는 뜻이야. 그래서 여섯 명이 작은 나라로 나누어서
다스릴 수밖에 없었던 거지.

왜 하필 거북이야?

〈구지가〉의 내용을 들어보니 왠지 무서워서 자다가 악몽을 꿀
것 같다고? 겁부터 먹지 말고 〈구지가〉의 뜻부터 알아보자.

　〈구지가〉에 나오는 거북이는 김해 지역의 토템으로 볼 수
있어. 〈구지가〉에서 가장 중요한 부분이 머리를 내놓으라고
강하게 말하는 장면이야.

　여기에서 머리는 왕을 상징하는데, 거북이한테 자신들의
소원인 왕을 보내 달라고 기도하는 거야. 그런데 그 소원을
이룰 수 있도록 도와주지 않으면 거북이를 불에 구워 먹겠다고
해! 너무 무섭게 말해서 오히려 소원을 안 들어줄 것 같다고?

　위협적으로 말한 이유가 있어. 그 소원을 꼭 들어줘야

한다고, 그만큼 간절하다고 거북이한테 알리는 거라면 어때?
우리도 바라는 것이 있을 때 '이게 안 되면 어떻게 하고 말 거야'
이렇게 강하게 말할 때가 있잖아.

사람들이 진심으로 노래를 부르며 기도했더니, 거북이가
감동했는지 드디어 왕을 맞이하게 돼.

가야의 건국 신화를 정리하면, 구간들이 '임금님 맞이' 큰
행사를 열었고, 신성하게 여기는 거북이가 김수로를 왕으로
정했다고 백성들에게 알렸던 거야. 또한 이 이야기를 통해
김수로왕 세력이 구간들보다 더 강했다는 걸 알 수 있지.

거북이의 뜻을 다르게 풀이하는 학자도 있어.

아주 옛날에는 한글이 없어서 우리말을 소리 나는 그대로
적을 수 없었어. 대신 우리말 발음과 비슷한 한자로 적었어.

예를 들어 프랑스를 한자로 쓸 때 발음이 비슷한 글자를
사용해서 불란서(佛蘭西)라고 하잖아. 불란서와 프랑스 발음이
언뜻 비슷하지? 또 필리핀은 한자로 비율빈(比律賓)이라고 써.
물론 한자의 뜻과 전혀 상관없어.

〈구지가〉에서도 이 방식을 썼을 거라고 주장하는 거야.

김해와 가까운 지금의 창원 지역에서는 아주 먼 옛날, 하늘에 있는 신을 거미(검)라고 불렀대. 김해와 창원은 가까운 지역이니 김해에서도 같이 썼을 거야.

문제는 신을 뜻하는 '거미'를 소리 나는 대로 한자로 쓸 수가 없으니, 거미와 발음이 비슷한 거북(龜, 구)으로 기록했다는 거야. 그런데 훗날 사람들이 한자만 보고 거북이라고 생각하는 거지.

어쨌든 〈구지가〉의 거북이는 동물이 아니라 신이라는 뜻이라고 할 수 있어.

거북을 신으로 해석해서 다시 읽어 볼게.

"신이시여, 신이시여, 우두머리(왕)를 보내 주세요."

이렇게 풀이해도 일리가 있지?

이렇게 고대사는 상상하며, 다양하게 뜻을 찾는 재미가 있어. 하지만 명확한 자료가 없어서 머리가 아플 수도 있고 자칫 잘못 이해할 수도 있으니 더 공부해야겠지?

김수로왕의
능력은?

김수로왕 세력은 어떻게 많은 구간 세력을 이길 수 있었을까?

건국 신화를 살펴보면 상자와 황금알이 나오는데 이것은 철기 문화를 상징해.

김수로왕은 앞선 철기 기술을 갖고 있었을 거야. 김해는 철광석이 많이 나오는 지역이라 철기 생산이 많았는데 여기에 기술이 더해져 더욱 발전했던 거지. 당연히 백성들은 김수로왕을 믿고 따랐을 거야.

또 어떤 학자들은 김수로왕이 해양 세력이었다고 주장하기도 해.

『삼국유사』「가락국기」에 석탈해와의 싸움이 나와. 석탈해 신화는 신라 편에서 자세하게 설명할게.

일단, 「가락국기」를 보면 석탈해가 배를 이끌고 가야 지역으로 가서 살려고 했는데 김수로왕 세력한테 쫓겨나서 다시 신라로 도망쳤다고 해. 김수로왕은 신하들에게 배 500척을 끌고 가서 석탈해 세력을 추격하라고 했다 하니 그 힘이 대단했던 것 같지? 그때는 신라보다 가야가 더 강했나 봐.

배를 끌고 온 석탈해도 대단한 세력인데 그들을 물리쳤다면 김수로왕 세력도 강했다는 뜻이지. 더욱 놀라운 점은 배 500척을 갖고 있다는 점이야. 물론 정말 500척은 아니겠지만, 그만큼 배가 많았다는 의미야.

그 부분에 집중해 보면, 김수로왕이 해양 세력이라서 바닷가 근처 김해에 자리를 잡았다면 너무 과한 상상일까? 사람은 자신이 잘 아는 쪽, 익숙한 곳으로 가려고 하잖아.

혹시 가야에 와서 토착 세력의 도움을 받아 500척을 만들었을 수도 있다고? 좋은 지적이야!

만약 가야가 원래부터 배를 잘 만들었다면 구간들도 대단한 능력이 있었다는 뜻이잖아. 그렇다면 다른 곳에서 온 김수로왕한테 밀려서 왕의 자리를 내주지 않았겠지.

김수로왕이 해양 세력이라고 주장하는 근거가 또 있는데, 부인 허황옥과의 관계야. 김수로왕은 왕비가 될 허황옥이 바다 건너 아유타국에서 온다고 미리 알고 있었어. 같은 해양 세력이라서 예전부터 교류가 있었을 거라고 추측할 수도 있어. 그 이야기는 뒤에서 자세하게 할게.

옛사람들은
어떻게 살았을까?

가야를 비롯해 많은 나라들이 배를 타고 다른 나라로 가서 무역을 했어.

그럼 언제부터 사람들은 배를 타고 낯선 땅으로 갔을까?

학자들의 연구 결과, 신석기 시대에도 사람들은 배를 만들었고, 자연스럽게 수평선 너머 새로운 땅으로 떠났지. 너무 놀랍다고?

신석기 시대 흔적인 부산 동삼동 유적에서는 흑요석으로 만든 칼이 발견되었어.

흑요석은 화산 폭발 후 용암이 빠르게 식으면서 만들어진 암석이야.

흑요석을 깨면 단면이 날카로워서 칼로 쓰기 좋아서 신석기 사람들은 흑요석을 중요하게 여겼어. 우리나라에서는 백두산에서 쉽게 구할 수 있지.

그렇다면 부산 동삼동 유적에서 발견된 흑요석도 백두산에서 온 것일까?

성분 분석 결과 백두산에서 나온 것이 아니었어. 놀랍게도 일본 규슈에서 발견되는 흑요석과 같아. 그 당시 사람들이 배를 타고 일본 규슈까지 가서 물물교환을 했던 거야.

일본 규슈 유적지에서는 투박조개로 만든 팔찌가 있는데, 그 조개는 부산 앞바다에 서식했다고 하니, 놀랍지?

신석기 시대, 배는 어떻게 만들었을까?

우리가 익숙하게 알고 있는 배와는 거리가 멀어. 그 당시에는 통나무 속을 긁어내서 만들었는데, 지금의 카누와 비슷하대.

구석기, 신석기 사람들은 지금 우리보다 열등할 거라고 추측하지만 절대로 그렇지 않아.

구석기 시대 사람들은 잊어버리면 안 되는 중요한 곳을 어떻게 기억하고 다른 사람들에게 전했을까? 놀라지 마! 작은 돌멩이에 점과 선으로 위치를 그려서 들고 다녔어. 휴대용 지도인 셈이지.

구석기 시대에는 화살이 없었는데, 화살을 만들 능력이 없었다고 생각할 수 있어. 하지만 그 시대 사람들은 화살을 만들 필요가 없었대. 왜냐하면 맘모스 같은 큰 동물들이 많아서 화살로 잡을 수 없었으니까. 대신 손도끼가 필요했지.

그 후 빙하기가 지나고 날씨가 따스해지면서 큰 동물이 사라지고 여우나 토끼 등 작고 빠른 동물이 나타나. 그 동물들을 잡으려고 화살을 만들기 시작했어.

신석기 시대에도 전염병이 돌았어.

중국 어느 유적지를 보면, 시신을 쌓아 놓은 집이 있어. 연구 결과, 전염병에 걸려서 죽은 시신들을 한데 모아서 분리시켜 놓은 거지. 세균이나 바이러스가 퍼지지 않도록 막은 거야.

청동기 시대 사람들도 지혜로웠어.

고인돌을 만들 때, 넓은 돌을 어떻게 잘랐을까?

돌에 일렬로 구멍을 내고 그 속에 바싹 마른 대추나무 쐐기를 박아. 그리고 나무에 물을 부으면 나무가 팽창하면서 돌이 갈라지는 방식이야.

어때? 옛사람들이 이제 좀 다르게 보이지 않아?

연맹 국가 가야가 살아남은 방법

가야 연맹은 왜 하나의 나라로 합치지 못했을까?

어떤 학자는 연맹 국가로 살아가는 것이 가야가 살아남는 방법이었다고 주장해.

가야 지역은 철광석이 풍부해 질이 좋은 철을 많이 생산했어. 그 철로 농기구, 무기를 생산해서 다른 나라에 수출했지. 김해가 바닷가에 자리 잡아 중국, 일본과 교류하기 좋은 곳이잖아. 당시 다른 나라 배들이 철을 사러 김해 앞바다로 와서 김해는 국제무역항이 되었대. 또 배를 만드는 기술도 뛰어나서 다른 나라와 무역을 하기 좋았어.

특히 일본한테 가야는 정말 소중한 나라였을 거야. 금관가야가 발전된 문화와 기술을 일본에 전해 줬으니까.

가야는 지리적으로 사람들이 살기 좋은 곳이야. 한반도 남부라서 날씨가 따스하고, 낙동강 유역에 자리 잡아서 땅이 비옥해 농사를 짓기 안성맞춤이잖아. 또 바다와 가까워 수산 자원도 풍부해 경제적으로 넉넉했을 거야.

좋은 점이 많으니 탐내는 사람도 많았겠지!

그 좋은 땅을 한 명이 다 차지하려고 하면 어떻게 될까? 가야 안에서 싸움이 벌어져서 혼란스러울 테고, 그사이 다른 나라가 쳐들어오면 가야 연맹 전체가 함께 멸망하는 비극을 맞이할 수 있잖아.

그런 까닭에 가야 연맹의 여섯 나라가 타협해서 땅을 적당하게 나누었을 수도 있어. 어떤 사회든지 자신들한테 맞는 최선의 답을 찾아내려고 노력하니까.

굿바이, 금관가야!

신라 법흥왕 19년, 금관가야의 임금 김구해가 왕비, 왕자들과 함께 신라에 항복해.

법흥왕은 그들에게 높은 관등을 주고 진골 귀족 대우를 해 주지. 왕자 중에 막내인 김무력은 1등 관등인 각간에 올라. 김무력의 아들인 김서현도 높은 자리를 차지했어.

그 김서현의 아들이 삼국 통일의 주역인 김유신이야. 그리고

김서현의 딸이자 김유신의 동생 문희는 제29대 태종 무열왕이
되는 김춘추와 혼인해서 왕비가 되지. 문희가 낳은 아들,
법민은 제30대 문무왕에 올라.

　하지만 김유신이 신라 사회에서 진골 귀족 대우를 받았다
하더라도 망한 가야의 왕족이라 힘이 없었어. 그때 김유신에게
손을 내민 사람이 있으니, 바로 김춘추였어. 그 또한
진골이어서 성골 귀족들 사이에서 능력을 발휘할 수 없었지.

　통하는 부분이 많았던 김유신과 김춘추는 바로 의기투합할
수 있었어.

　마침내 실력을 키운 김춘추는 훗날 왕이 되었고, 김유신은
삼국 통일의 주역이 돼.

　돌이켜 보면, 김유신이 없었다면 신라가 삼국 통일을 하기
어려웠을 거야. 그런 까닭에 삼국 통일의 바탕에는 금관가야의
힘이 있었다고 할 수 있지.

허황옥의
고향은?

김수로왕 못지않게 유명한 사람이 왕비 허황옥이야.

허황옥은 가야에서 태어나지 않았어. 그렇다면 두 사람은 어떻게 혼인했을까?

역사 기록을 보면, 아홉 명의 토착 세력들이 김수로왕에게 부인이 될 여성을 소개해 주겠다고 했어. 요즘 말로 소개팅을 제안한 건데, 그 여성들은 당연히 자신들의 딸이겠지? 딸이 왕비가 되어야 자신들의 힘이 커지잖아.

하지만 김수로왕은 단칼에 거절했어. 그만큼 토착 세력들보다 힘이 강했다는 뜻이지. 그러면서 먼 나라에서 왕비가 될 여자가 배를 타고 올 거라고 말했어.

김수로왕의 예언은 틀리지 않아서 아유타국에서 배를 타고 한 여인이 왔는데 바로 허황옥이었어. 이 부분에서 두 세력이 직간접적으로 연락을 주고받았다고 볼 수 있지.

그렇다면 허황옥은 어느 나라에서 왔을까?

여러 가지 이야기가 전해지는데 『삼국유사』「가락국기」를

서방님~

보면 허황옥은 인도

아유타국의 공주였다고 해.

아유타국이 어디냐고?

　　인도 아요디아라고 말하는 학자가 많은데, 허왕후릉에 있는

'파사석탑'이 그 증거야.

　　그 파사석탑의 돌은 김해 지역에서 찾아볼 수 없어.

성분을 분석해 보니 인도에서 흔히 볼 수 있는 돌이었어.

『삼국유사』에도 그 탑에 대한 기록이 있어. 허황옥이 시집올 때,

배에 석탑을 실었더니 거센 파도와 바람이 잠잠해졌다고 해.

허황옥의 고향이 인도라는 증거는 참 많아.

왕릉의 정문에 물고기 두 마리가 탑을 보호하는 쌍어문 문양이 있어. 이런 문양은 인도 아요디아 지역에서 볼 수 있는데 쌍어문은 신성한 탑이나 건물을 보호하는 수호신 역할을 한다고 해.

허황옥이 정말 인도에서 우리나라 김해 지역까지 왔다면 그 세력은 배 만드는 기술은 물론 항해술까지 엄청 발달했다는 뜻이야. 이미 신석기 시대에 지금의 부산에서 배를 타고 일본 규슈까지 물물교환을 하러 떠나기도 했으니 철기 시대에는 충분히 가능하지.

허황옥의 고향이 인도가 아니라는 의견도 있어. 그 근거가 허왕후릉의 비석에 새겨져 있는 '가락국수로왕비 보주태후허씨릉(駕洛國首露王妃 普州太后許氏陵)'이라는 구절이야. 보주는 중국 사천성에 있는데, 허황후는 그곳에 살던 소수민족인 파족(巴族) 출신이라는 거야. 허황옥은 파족의 중심 세력인 허씨 가문의 딸로, 허씨들이 힘을 잃자 한반도 남쪽으로 배를 타고 왔다고 해.

허황옥과 김수로왕이 어느 나라 출신인지 정확하지 않지만, 한반도에서 태어나지 않았다는 점은 확실해. 김수로왕 부부는 가야로 이주를 해서 자녀를 낳았으니 요즘으로 치면 다문화 가정이 된 셈이야. 이 두 사람을 보면 어쩌면 고대 사회에는 다른 나라에서 온 사람과 혼인해 가정을 꾸리는 일이 상당히 많았을 수도 있어.

그런데 우리는 아주 오랜 옛날부터 단일 민족이라고 배워 왔잖아. 심지어 그것이 우리 민족의 자랑이라고 알고 있는데, 가야를 세운 왕이 다문화 가정이라니 놀랍지 않아?

단일민족은 있다? 없다?

빙하기가 끝나는 1만 년 전까지 중국, 한반도, 일본, 제주도가 이어져 있었어. 지금과 같은 국경의 개념이 없어서 당시 사람들은 자유롭게 이동을 했지. 그때 사람들은 하루에 50킬로미터를 걸어서 지역을 옮겨 다녔대. 놀랍지?

그렇게 사람들은 날씨가 따스하고, 농사짓기 좋은 땅에 자리 잡고 혼인해서 그 지역에 뿌리를 내렸지. 가야의 김수로왕,

신라의 박혁거세, 김알지, 석탈해, 허황옥 모두 한반도로 옮겨
와서 우리의 조상이 된 사람들이잖아.

역사적 인물들만 살펴봐도, 우리 사회가 예전부터 강조했던
단일 민족은 불가능해.

단일 민족은 '단일한 인종으로 구성되어 있는 민족'이라는
뜻인데, 같은 핏줄, 혈연을 강조하는 거야.

단일 민족이라는 주장이 잘못되었다는 중요한 자료가
있어서 소개할게.

제천 황석리 13호 고인돌에서 발견된 사람의 뼈가 땅에
묻힌 시기는 기원전 410년경이야. 머리뼈를 살펴보니, 현재
북유럽에 살고 있는 사람들의 머리뼈와 모습이 비슷하대. 또
정선 아우라지 선사 유적지에서 발견된 사람 뼈는 오늘날
영국인과 더 비슷했어. 즉 한국 사람한테는 여러 인종의 특성이
더해져 있다고 볼 수 있어.

이렇게 여러 가지 자료를 근거로 해서 문화 인류학자들은 이
지구상에서 순수혈통의 단일 민족은 있을 수 없다고 해.

그렇다면 우리나라에서는 왜 단일 민족론을 강조했을까?

우리나라는 국가 주도로 경제 발전을 이뤘어. 그 과정에서

국가는 국민을 하나로 단결시키면서 나라와 민족의 앞날을
위해 함께 고생하자고 강조했어. 그때 단일 민족론이 필요했지.

그 힘은 강력했어. 한국은 일제 강점기, 한국전쟁을 연이어
겪어 1950년대에는 세계에서 가장 가난한 나라였어. 하지만
국민 모두 똘똘 뭉쳐 열심히 일해서 세계에서 가장 빠르게 경제
발전을 이룩한 나라가 돼.

안타깝게도 요즘 단일 민족론의 문제점이 크게 나타나고
있어.

유엔 인종차별철폐위원회(CERD)는 2007년 한국 정부에
'단일 민족 국가'라는 이미지를 극복하기 위해 노력해 달라고
했어.

핏줄, 혈연을 강조하는 한국의 단일 민족 사상의 가장 큰
문제는 순수 혈통을 좋아하다 보니 다른 민족과 피가 섞이는
것을 불편하게 본다는 점이야.

다문화라는 말
대신에!

이슬람교 사원을 짓는 문제로 갈등 중인 지역이 있어.

　한국으로 유학 오는 이슬람 학생, 노동자 들이 늘어나면서 기도할 공간이 필요해 사원을 지으려고 했어. 하지만 그 지역 주민들은 사원 건립을 반대하며 이슬람 신자들이 절대로 먹지 않는 돼지고기 음식을 먹는 행사를 열었어. 이슬람교가 우리 사회에서 아직은 낯선 종교라서 거부감이 있을 수 있지.

　하지만 다문화는 거스를 수 없는 세계적인 현상이야. 거부하거나 외면할 수 있는 문제가 아니야. 다른 나라에서 온 사람과 어떻게 더불어 지낼 수 있을지 고민해야 할 때야.

　이제 우리나라에서 다문화라는 말은 낯설지 않아. 그만큼 다문화 가정이 늘고 있다는 뜻이야. 다문화는 한 사회 안에 여러 민족이나 여러 국가의 문화가 함께 있다는 의미야.

　다만 다문화라는 말이 아시아계 결혼 이민자 가족만을 뜻하는 표현처럼 사용하고 있어서 '이주민 가족'이라는 중립적인 말을 쓰자는 주장도 힘을 얻고 있어.

다문화 사회가 되어 가면서 우리 스스로 반성을 해야 하는 부분도 많아.

그중에서 하나를 꼽자면, 서양에서 온 외국인에게는 친절하게 대하는데 동남아나 아프리카 등에서 온 외국인은 무시하는 사람들이 있다는 거야.

왜 이렇게 되었을까? 한국 사람들이 강대국에 대한 열등감과 약소국에 대한 우월의식이 있어서 그렇다는 주장이 있어. 특히 우리 사회가 경제적 능력을 보고 사람을 판단하다 보니 더욱 그렇게 된 것 같아.

잘못된 시선을 버리고 이제 이주민들에게 먼저 손을 내밀어야 해.

환영합니다!
이주민!

우리나라가 경제성장을 이어 가려면 2050년까지 아주 많은 외국인 노동자가 필요하다고 해. 유엔 또한 앞으로 많은 사람들이 국가 간 이동을 하며 다양한 교류를 한다고 예상해. 다문화 속도가 더 빨라진다는 의미야.

2023년 전국 성인 남녀 천 명을 대상으로 한 여론조사에서 응답자 절반은 '외국인 노동자를 받아들여야 한다'고 답했어. 또한 외국인 노동자들이 우리나라 사람들의 일자리를 빼앗거나, 사회적으로 갈등을 일으키지 않는다고 생각하고 있어. 이제 우리나라 사람들도 외국 사람들을 받아들이려고 노력하고 있어.

이주노동자, 결혼 이민 여성 등이 꾸준하게 늘어서 다문화 가족이 112만 명을 넘어서며 한국 사회도 빠르게 '다문화 국가'로 변하고 있어. 2023년 외국인 비율이 5퍼센트 이상인 기초 자치 단체는 57군데가 넘는다고 해.

또한 우리나라의 출산율은 OECD 국가 중 가장 낮아서, 이대로 가면 국가가 사라질 수 있어. 그 대안으로 외국 사람들을 더 많이 받아들여서 인구 감소에 따른 노동 및 산업 문제를 해결하자는 주장도 힘을 얻고 있지.

이제 우리 사회는 다문화를 어떻게 받아들일지 진지하게 고민해야 해. 그들이 우리 사회에 자리 잡을 수 있도록 다양한

복지제도를 만들고, 외국인이 아니라 같은 국민이라고 생각하며 배려해야 할 때야. 물론 그들의 문화도 받아들여야 해.

지금까지 본 건국 신화만 봐도 우리는 원래부터 다문화 사회였어. 우리나라 역사에 처음 등장하는 다문화 가정은 환웅과 웅녀잖아.

이뿐 아니라 단군, 김수로왕은 다양성, 다문화를 바탕으로 해서 나라를 세웠어. 다문화는 사회 혼란의 시작이 아니라 사회 발전의 계기라고 생각할 때야.

역사적으로 세계에서 강력한 제국이었던 로마, 당나라, 몽골 모두 개방적인 다문화 국가야. 인종, 종교, 민족이 달라도 열린 마음으로 더불어 함께 살며 여러 문화와 사상을 교류했고 덕분에 사회가 더 성장할 수 있었어.

어쩌면 다문화라는 말이 사라질 때 열린 사회가 될 거야. 한민족이라는 핏줄 개념보다 한국에 사는 사람이라면 누구나 한국인이라고 말하는 시대로 우리는 나아가야 하니까.

특별한 귀화인을
소개할게!

우리나라 성씨의 역사를 조사한 어떤 학자는 성씨 중 약 46퍼센트가 외국에서 들어온 귀화 성씨라고 분석했어. 놀랍지? 고려 시대까지 여러 가지 이유로 많은 외국 사람들이 우리나라로 들어왔다고 해. 일찍부터 다문화 사회였던 셈이야.

조선 시대, 우리나라에 귀화해서 이름까지 바꾼 사람 몇 명을 소개할게.

먼저, 왜군 출신인 김충선 장군이야. 그는 임진왜란 때 조선에 들어와 부하들과 항복을 했어.

왜군이 조선을 침략하는 뚜렷한 이유가 없어서 전쟁에 거부감이 컸대. 그는 조선에 왜의 군사 기술도 전해 줬어.

선조는 그를 높이 평가하며, '충성스럽고 착하다'는 뜻을 담아 이름을 '충선(忠善)'으로 하고 높은 벼슬도 내렸지. 김충선은 조선 여성과 결혼해 자리를 잡았어.

네덜란드에서 온 박연도 유명해! 그의 원래 이름은 벨테브레이야.

1627년 무역선을 타고 일본 나가사키로 향하던 중 풍랑을 만나 표류하다가 제주도에 왔어. 고향으로 돌아가지 못한 벨테브레이 일행은 훈련도감에 배치되었는데 폭탄 제조법과 군사 훈련 방법을 전해 줬어. 병자호란 때도 참전해 큰 업적을 세웠어.

박연이라는 이름을 하사받고 정식으로 무관이 된 그는 조선 여성과 혼인해.

베트남 왕자가 시조인 성씨도 있어.

1226년 베트남의 리 왕조가 멸망하자 마지막 왕자였던 이용상은 배를 타고 표류하다가 황해도 옹진의 화산(花山)에 다다랐어. 고려 정부는 이용상에게 화산 이씨 성을 하사하며 환영했어.

몽골군이 고려를 침략했을 때, 이용상은 몽골군과 맞서 싸워서 공을 세웠지.

최근, 베트남에서는 화산 이씨 후손을 리 왕족의 후손으로 공식 인정해 베트남에서 거주할 경우 다양한 혜택 등을 받을 수 있도록 했지.

응답하라,
세계 시민

어떤 학자는 고대 건국 신화에 나오는 주인공 중에 정치적
난민도 있다고 말해. 그 지역에서 부와 권력을 갖고 편안하게
살았다면 굳이 낯선 땅으로 옮겨 가지 않았을 테니까.

예를 들어 주몽도 동부여에서 편하게 살 수 있었다면
졸본으로 도망치지 않았겠지? 석탈해도 태어난 나라에서 살 수
없어서 신라로 온 거잖아.

2018년 제주에 예멘 난민들이 들어왔을 때, 다들 놀랐지?
우리 사회에 난민이 한 번에 그렇게 많이 들어온 적이
없었잖아.

2022년 국제 조사 결과 우리나라 사람 61퍼센트는 전쟁
또는 탄압으로 인한 난민을 수용할 수 있다고 했어. 하지만
세계 평균보다는 많이 낮아.

정치적, 경제적 난민뿐만 아니라 앞으로 기후 난민도 증가할
거야. 환경 파괴와 온실가스 배출로 인해서 세계 곳곳에서
사막화가 진행되고 있어. 또 온난화로 인해서 해수면이 상승해

땅이 물에 잠기면서 삶의 터전을 잃고, 다른 곳으로 옮겨 가는 사람이 점점 늘어날 거라고도 해. 학자들은 2050년까지 수억 명의 기후 난민이 발생할 수 있다고 경고하고 있어.

이제 난민들이 우리 사회에 들어온다면 받아들이는 연습이 필요해. 그리고 세계의 문제를 내 문제처럼 생각하고 함께 해결하려는 자세가 중요해. 전쟁이나 기후 환경의 문제는 우리한테도 영향을 끼치고 있으니 말이야.

이제 단일 민족 사상을 넘어서서 세계 모든 사람이 소통하고 협력하는 세계 시민 정신이 필요한 시대라는 점, 잊지 말아야겠지? 그래서 건국 신화 속 인물들, 사회 풍경을 읽으며 준비를 해야 해.

우리나라와 일본은
언제부터 어떻게 교류했을까?

일본의 역사서 『일본서기』를 보면, 왜의 정벌군이 369년 한반도에 건너가 임나가야를 점령했대. 그리고 그 지역에 일본부를 설치해서, 왜왕이 삼한을 통치했다고 나와. 370년경에는 군대를 보내 삼한 소국을 정복해 직접 지배하다가, 562년 신라가 대가야를 정벌할 때에 멸망했대. 왜가 한반도 남부를 직접 지배했다는 말인데, 너무 터무니없지?

이 주장은 일본이 조선을 침략할 때 강조했어. 우리나라는 고대부터 다른 나라의 지배를 받으며 발전했으니, 근대에도 일본의 지배를 받아야 한다고 주장하면서 조선 침략이 정당하다고 합리화한 거야.

이에 대해 우리나라 역사학계에서 여러 가지 근거를 대면서 반박했어.

당시 '일본부'라는 명칭부터 말이 안 되거든. 왜냐하면 우리나라 역사에서 '왜(倭)'를 일본으로 부른 것은 670년 이후부터니까. 그리고 『일본서기』보다 먼저 편찬된 『고사기』에는 한반도 정벌 기록이 전혀 없어.

일본 주장대로 오랜 시간 왜가 임나 지역을 지배했다면 유적, 유물에서 그 흔적이 나타나야 하지만 전혀 없대. 또 일본 역사학계에서는 『일본서기』를 믿지 않아. 『일본서기』는 왜의 왕족들이 자신들을 미화하려고 만든 책인데, 조작된 부분이 많거든. 그런데 유독 '임나일본부'의 기록은 옳다고 고집하고 있어.

오히려 반대의 경우로, 우리가 일본에 도움을 준 흔적은 곳곳에서 찾아볼 수 있어. 약 2700년 전, 한반도 남쪽에서 쌀농사를 짓던 사람들이 일본 규슈로 가서 청동기 문화를 전해. 이 시기를 일본에서는 야요이 시대라고 해. 왜는 한반도에서 온 사람을 도래인이라고 불렀어. 앞선 지식과 기술을 갖고 있으니 왜는 그들을 높이 대우했고, 도래인들은 여러 분야에서 활동하며 힘을 키워.

간무 일왕이 815년에 편찬한 『신찬성씨록』이라는 책을 보면 수도인 교토와 그 주변 지역에 사는 주요 씨족 1182씨가 어떻게 시작되었는지 계보가 정리되어 있거든. 연구 결과 313씨가 한반도에서 건너갔대. 그중에서 백제계 출신이 가장 많아. 도래인 중에는 특히 백제계인 하타씨, 소가씨 가문이 힘이 강했어. 하타씨는 관개 농업을 시작하고 토지도 개발해. 또 양잠과 방직 기술을 전하며 부와 권력을 쌓아. 소가씨는 불교를 믿었는데 그 힘이 커지면서 왜는 불교를 받아들여. 그러면서 6~7세기에 걸쳐 100년간 일본을 지배하는 세력으로 성장하지. 소가씨 가문은 조카딸을 일본 최초의 여자 일왕인 스이코 일왕으로 만들었어. 스이코 일왕의 조카 쇼토쿠 태자는 소가씨의 도움을 받아 아스카(飛鳥)라는 불교 문화를 이룩해.

백제가 멸망하고, 663년 백제부흥군이 백강에서 나당연합군과 치열한 싸움을 할 때, 왜는 수도까지 옮겨 가며 백제 지원을 준비해. 왜의 지배층에게 백제는 가족처럼 중요한 사이였나 봐.

지금도 일본 지명에 구다라촌(백제촌)과 구다라강(백제천) 등 백제와 관련된 곳이 상당히 많아. 백제의 곤지왕을 신으로 모시는 아스카베 신사도 있어. 신사 안내판은 곤지왕을 '아스카의 큰 신'이라고 설명할 정도로 백제의 힘이 대단했어. 백제의 유명한 무령왕도 태어난 곳이 왜야.

2001년 아키히토 일왕은 조상의 생모가 백제 무령왕의 자손이라며 자신의 뿌리가 백제계라고 공식적으로 발표했어. 일본 역사 『속일본기』에 분명히 50대 간무일왕의 어머니는 백제의 후손 고야신립이라고 나와 있어. 너무 놀랍다고?

탐라국
삼신인

땅속에서 올라와 나라를 세웠다고?

탐라국 혼저옵서예!

마이 네잉 이즈 양을나!

아임 부을나!

뻥!

저는 고을나예요!

화살을 쏘아서 각자가 다스릴 땅을 정하자!

누가 리더, 왕이 되어야 할까?

노래, 춤 오디션에서 1등을 한 사람이 왕이 되면 어때?

슈

슉一

화살을 쏘아서 각자가 다스릴 땅을 정하기로 한 삼을나.

이번 휴가에는 탐라국으로 옵서예!

탐라국을 함께 가꿔 나갈 지혜로운 짝을 구합니다!

응답하라! 단군, 주몽, 김수로, 박혁거세!

아주 먼 옛날, 제주도에는 독립 국가인 탐라국이 있었어. 처음 듣는다고?

탐라국의 흔적은 역사에서 쉽게 찾을 수 있어.

선덕여왕 때 경주에 세운 황룡사 구층 석탑이 있는데, 구층은 신라를 위협하는 아홉 개의 나라를 뜻해. 그중 하나가 '탁라' 즉 탐라로 당시 독립 국가로 인정을 받았다는 뜻이야. 또 탐라국은 당나라에서 열린 제천 의식에 참가했을 때도 서열이 왜(일본)보다 위였대.

중국 한나라와 무역도 활발하게 했어. 그 증거가 제주도 산지항에서 출토된 중국 한나라 때의 화폐들이야. 지금보다 배가 튼튼하지 않았고, 기상 상황도 파악하기 어려운 먼 옛날, 그 넓은 바다를 건넌 고대 사람들의 능력이 대단하지!

그렇게 독립 국가로 성장한 탐라는 고려에 복속되면서 독립 국가의 지위를 잃고, 작은 고을이 된 거야. 물론 이름도 제주로 바뀌지.

제주도를 많은 사람들이 찾지만 정작 '제주'가 무슨 의미인지 아는 사람은 드물 거야. 안타깝게도 제주라는 이름에는 지역의 특색이 담기지 않았어. 건너서(濟) 가는

땅(州)이라고 풀이할 수 있어. 즉 고려 중앙 정부 입장에서
바다를 건너 가는 곳이라는 의미로 제주라고 불렀을 뿐이야.
독립왕국 탐라국의 위상이 어떻게 달라졌는지 제주라는
이름에 담겨 있는 셈이야.

수학여행, 한 달 살이 등으로 부쩍 많이 찾는 제주에
대해서 좀 더 알아볼까?

먼 옛날,
그 섬에서는

제주도는 화산이 폭발해서 만들어졌는데, 먼 옛날에는 섬이
아니었대. 아마도 한반도, 일본 규슈, 중국과 연결이 되어
있었겠지? 그러다가 1만 년 전, 신석기 시대가 막 시작될
때 빙하기가 끝나고 바다의 수면이 높아지면서 섬으로
분리되었을 거야.

우리나라에서 가장 오래된 신석기 유적지가 제주 고산리에
있다는 거 알아? 신석기 시대 많은 지역에서 농사를 지었다고

하지만 제주도에서는 여전히 사냥과 채집이 중심이었대. 섬이
되면서 문화가 늦게 전해져서 농사를 짓지 못했던 거지.

특히 제주는 화산섬이라 농사짓기 어려운 땅이야. 그래서
지금도 쌀농사는 거의 하지 않고 감자, 당근, 무 등 밭농사와 귤
재배를 많이 해. 예전에 제주에서는 쌀이 귀해서 떡을 만들기
어려웠어. 그래서 제사상에 빵, 롤케이크, 카스테라를 올리곤
했지. 초코파이를 비롯해 환타 같은 음료수를 올리는 집안도
있어.

이렇게 제사 문화에도 그 지역의 특성, 환경이 반영돼.
신기하지?

기억해 줘,
탐라국

제주 시내에 삼성혈이라는 유적지가 있어. 옛 이름은
모흥혈이야.

삼성혈은 땅이 조금 내려앉은 화산 지형으로 그 가운데 구멍

세 개가 움푹 파여 있어.

이 구멍 속에서 제주의 시조이자 수호신인 양을나, 고을나, 부을나 삼신인이 솟아났다고 전해. 여기서 '을나'는 군장, 제사장을 뜻하는 말이야.

이 세 사람이 활을 쏘아서, 그 활이 떨어진 곳에 자신이 살 터전을 잡았어. 그렇게 일도, 이도, 삼도로 구분을 했는데 그 지역이 지금의 제주시 일도동, 이도동, 삼도동이야.

그리고 고을나는 제주 고씨의 시조야. 물론 양을나는 제주 양씨, 부을나는 제주 부씨의 시조가 되지. 그래서 제주에는 고씨, 양씨, 부씨가 다른 지역보다 많아.

탐라국 신화를 보면서 이 세 명의 을나가 제주에 나타난 최초의 사람들이라고 생각하기도 하는데, 그것은 오해야. 탐라국 건국 이전인 구석기 시대부터 제주에는 사람이 살았어.

이 신화는 세 명의 권력자가 어떻게 제주에 나타나는지를 보여 주는 이야기야. 그들은 활을 쏘아서 터전을 정했다고 하니, 수렵을 하며 먹고살았을 거야.

탐라국 신화가 고조선, 고구려 등의 건국 신화와 다른 점이 몇 가지 있는데 그중 하나가 세 명이 동등하게 땅을 나눠

갖는 모습이야. 어쩌면 그때 제주는 한 명이 다 차지하고 싶을 만큼의 경제력이 없었을지도 몰라. 제주는 태풍의 길목에 있어서 살기 힘든 곳이었고 먹거리도 풍족하지 않았으니까.

땅에서 올라오는 사람들

앞에서 살펴본 대부분의 건국 신화는 지배자가 하늘에서 내려오거나 알에서 태어났다고 멋지게 꾸미잖아. 하지만 탐라국 건국 신화는 주인공이 땅에서 올라왔다고 해. 참 독특하지?

학자들은 천손강림 신화는 북방 계열, 땅에서 사람이 솟아나는 이야기는 남방 계열, 해양 계열의 신화라고 해. 땅속 구멍에서 사람이 나오는 신화는 특히 섬에 많아. 일본 오키나와, 타이완 신화에서도 남녀 신이 땅에서 올라오지.

이런 신화 속에는 여러 가지 의미가 담겨 있어.

먼저, 땅속 구멍에서 사람이 올라오는 모습이 농사지을 때

싹이 올라오는 것과 비슷하지 않아? 사람들은 땅을 생명의
시작이라고 여겼고, 그 생각이 자연스럽게 신화에 녹아든
셈이야.

또 제주의 독특한 자연환경도 영향을 주었을 거야.

화산섬인 제주에는 작은 동굴이 아주 많은데, 그곳은 고대
제주 사람들이 살던 중요한 거주 공간이었지. 그러다 보니 다른
지역 사람들보다 땅의 의미가 남달라. 무엇보다 섬은 화산이
폭발해 만들어진 지역이라서, 땅속에 엄청난 에너지, 생명력이
있다고 여겼을 거야. 그런 까닭에 강한 권력자도 땅에서
올라온다고 믿었던 게 아닐까?

공주 세 명이
온다고?

탐라국 건국 신화에는 세 명의 지배자가 혼인하는 이야기도
나와.

고, 양, 부, 세 명의 을나가 한라산에 올라 동쪽 바다를

바라보던 중 바다 위를 떠다니는 나무 상자를 발견했어. 상자를 열어 보니 그 속에는 말과 소, 다섯 가지 곡식 종자 그리고 세 명의 공주가 있었어. 공주들은 자신들이 벽랑국에서 왔다고 말했지. 세 명의 을나는 이들과 혼인해.

세 신부의 고향인 벽랑국은 지금의 어디일까? 역사적으로 밝히지는 못하지만 제주도에서 멀리 떨어진 외부 지역은 확실해.

탐라국 건국 신화에서는 세 명의 공주 이야기가 참 중요해. 왜냐하면 말과 소, 다섯 가지 곡식 씨앗을 제주에 처음 가져오는 고마운 사람들이니까. 세 명의 여성으로 상징되는 그 외부인들이 나타나면서 제주에서도 농사가 시작되었다고 볼 수 있어. 결론적으로, 탐라국은 수렵문화 세력과 농경문화 세력이 힘을 합쳐서 세운 나라라는 뜻이야.

김녕사굴의
전설 속으로!

❀

제주도 동쪽 구좌읍에는 유네스코 세계자연유산, 천연기념물 제98호로 지정된
김녕사굴이 있어. 그 굴은 제주의 대표적인 관광지였지만 훼손이 심해서 2002년
부터 출입이 통제되고 있어. 그곳에는 아주 먼 옛날부터 내려오는 전설이 하나
있어.
먼저 사굴(蛇窟)은 뱀굴이라는 뜻이야. 왠지 사랑 이야기와는 거리가 먼 것 같다
고? 눈치가 빠르네.
전설 따라 삼천리, 이제 이야기를 시작할게.

김녕사굴에는 큰 뱀이 살고 있었지. 매해 두 번 젊은 여성을 바치고 큰굿을 하지
않으면 뱀이 굴 밖으로 나와서 농사를 망치고 사람들을 괴롭혔어. 그러니 마을 사
람들은 굿을 할 수밖에 없었어. 하지만 양반집에서는 절대로 딸을 내놓지 않으려
고 했어. 당연히 가난한 집 딸들이 목숨을 잃었어.
조선 중종 때 제주로 내려온 관리인 판관 서련이 그 소식을 듣고 백성들을 구하
겠다고 마음을 먹어. 그러고는 굿을 하는 날 미리 동굴 속에 포졸들을 숨겨 놓고
철저하게 준비해.
굿을 시작하고, 큰 뱀이 나와 여성을 잡아가려고 했어. 기다리던 서련이 칼을 휘두
르며 달려가 뱀을 죽였어. 그리고 군졸들도 도와서 여성을 구할 수 있었지.
무당들은 뱀이 복수할 수 있으니 서련에게 빨리 제주성 관아로 돌아가라고 말했

어. 그러면서 뒤를 절대 돌아보지 말라고 신신당부했지.

일을 끝내고 서련이 관아로 향하는데 뒤에서 이상한 소리가 들려서 무심코 뒤돌아보았어. 그때 갑자기 하늘에서 핏빛 비가 내리며 뱀이 공격해 서련이 다쳤고, 시름시름 앓다가 목숨을 잃었지.

이 이야기를 여러 가지로 풀이할 수 있어.

첫 번째는 뱀은 당시 동굴에 살면서 사람들을 괴롭혔던 못된 세력이라고 할 수 있어. 그들이 젊은 여성들을 잡아가고 백성들을 괴롭히자 서련이 처벌한 거지. 하지만 마지막에 그들한테 보복을 당해 서련이 다쳤다고 볼 수 있지.

다른 풀이도 흥미로워.

판관 서련은 조선 중앙정부에서 제주로 파견한 관리야.

관리는 유교 이념을 제주에 뿌리내리도록 하는 역할을 했어. 그런 까닭에 당시 제주에 있는 민간 신앙인 뱀 숭배를 없애려고 한 거야. 하지만 신앙, 제사, 장례 등은 길흉화복과 연결되어 있어서 쉽게 바꿀 수 없어. 당연히 서련의 행동은 당시 제주 사람들에게 거부감을 일으켰어. 그래서 마지막 부분에 서련이 뱀의 공격을 받아 다치고 목숨을 잃었다고 하잖아.

물론 서련이 실제로 그렇게 해서 세상을 떠나지는 않았어. 하지만 제주도 사람들의 마음이 담긴 결말로 볼 수 있어. 드라마나 소설, 영화를 보면 현실에서는 꿈꿀 수 없는 것들이 많이 담겨 있잖아.

전설도 재미있지만, 그 이야기를 바라보는 생각도 다양해서 흥미롭지?

특별하고 색다른
제주 문화

제주는 한반도와 멀리 떨어진 섬이라서 문화 전파가 늦었지.
그러다 보니 중앙 정부의 영향력이 다른 지역보다 약하고
문화도 많이 달랐어.

특히 민간 신앙인 무속이 독특하게 자리를 잡았는데, 그
이유는 무엇일까?

제주는 땅이 거칠어서 농사짓기가 어렵고, 농사를 지어도
태풍이 불면 피해가 커서 먹고살기 힘들었어. 또 바다에 나가서
고기를 잡다가 죽는 사람도 많았어. 왜구의 침입도 견디기
힘들었지. 그러다 보니 제주도 사람들은 자연 곳곳에 신이
있다고 믿으며 기도를 했어.

특히 기도하는 장소인 '당'이 많았는데 오백 군데라서
'당오백'이라고 부르기도 했지.

이런 이유로 제주는 다른 지역보다 신이 많아서 제주도를
1만 8천 신이 사는 '신들의 고향'이라고 했지. 또 신비로운
땅이라는 뜻을 담아 영주라고도 했어.

이렇게 오랫동안 지켜 내려온 제주의 독특한 문화는 조선 시대에 큰 변화를 맞이해.

임금을 중심으로 하는 중앙집권화가 시작되면서 유교 이념이 사회, 문화, 정치에 자리 잡았어. 그러면서 제주에서는 독립 국가였던 탐라국 신화를 지우기 시작해. 그래야 사람들이 왕을 더욱 믿고 의지할 테니까.

그 결과 탐라국을 세운 고, 양, 부, 삼을나의 건국 시조 신화는 사라지고, 고씨, 양씨, 부씨의 성씨 시조 탄생 신화로 바뀌어 버려. 더 나아가 세 사람이 태어난 모홍혈도 세 성씨가 태어났다는 뜻의 삼성혈로 명칭이 달라져. 즉 삼성혈은 건국의 터전이 아니라 세 성씨 집안의 시조가 나온 곳으로 의미가 작아진 거지.

그 이후 조선 중앙 정부는 제주의 지역 색깔을 없애고, 유교 문화를 뿌리내리려고 해.

대표적인 인물이 제주 목사 이형상이야. 그는 중앙에서 파견된 지방관 중 최고 위치에 있었는데, 제주의 굿하는 풍습을 없애려고 당오백이라고 부르는 많은 기도처를 불태워 버려. 이런 정책을 두고 조선 정부에서는 이형상 목사를 유능하다고 할 테지만, 제주 사람들은 지역의 문화를 파괴했다고 비판하지.

하지만 제주의 굿 문화는 쉽게 사라지지 않고 지금까지
이어져 오고 있어.

국가가 막더라도 무당을 찾아 기도해야 할 만큼 제주도
사람들의 삶이 어려웠다는 뜻이지. 또 유교 문화는 여성들을
억압하고 남성, 특히 공부를 많이 한 지배층 중심이라서
여성들이 선뜻 마음을 열 수 없었어.

대신 제주 여성들은 곳곳에 자리한 신을 찾아 힘든 삶을
잠시 내려놓고 희망을 찾았을 거야.

고마워요!
제주 여성

제주에 소와 말, 곡식의 씨앗을 갖고 와서 농사를 짓고,
경제적으로 풍요롭게 만든 사람들은 세 명의 여성들이야.
이렇게 여성들이 경제적으로 중요한 위치를 차지하는 건국
신화는 우리나라에서 찾기 드물어.

지금 우리가 알고 있는 탐라국 신화는 남성 세 명이 중심이잖아.

그런데 먼 옛날에 전해진 이야기에는 세 명의 여성들이 중심이 아니었을까? 소를 비롯한 가축과 곡식의 씨앗을 가져와 농사를 시작하도록 했으니 그 시대에는 아주 중요한 사람들이잖아.

세 명이 여성들은 탐라국의 경제, 사회를 바꾼 위대한 능력자, 선구자야. 그러니 많은 사람들이 고을나, 양을나, 부을나보다 세 명의 여성들한테 더 환호를 보내지 않았을까?

건국 신화를 보면 웅녀, 박혁거세의 부인 알영, 허황옥, 주몽의 부인 소서노 등 건국 신화 속 여성들 모두 이름이 있잖아. 상상해 본다면 탐라국 신화의 여성들도 이름이 있었을 거야.

하지만 조선 시대에 탐라국의 건국 신화가 고씨, 양씨, 부씨의 성씨 시조 신화로 바뀔 때, 세 명의 여성 이야기도 많이 달라지지 않았을까? 남성 중심의 유교 사회에서 남성보다 뛰어난 여성을 받아들이기 어려워서 세 명의 여성 이름을 지워 버린 것은 아닐까?

그렇다고 해서 제주의 경제, 사회, 문화를 한 단계 발전시킨
세 명의 여성들이 완전히 사라진 것은 아니야.

제주에 전해지는 신화들의 주인공이 대부분 여성이거든.

먼저 설문대 할망을 주목해야 해.

하늘과 땅이 붙어 있던 아득한 옛날, 설문대 할망이 하늘과
땅을 분리해 제주를 만들었다고 전해져. 천지창조를 한 대단한
존재인 셈이야.

이뿐만 아니라 여러 가지 곡식 씨앗을 얻어서 땅으로 내려와 농사의 신이 되는 자청비도 기억해야 돼. 자청비는 가난한 백성을 살리는 생명의 신으로도 사랑을 받고 있어. 또 운명을 다루는 신이 된 가믄장아기, 바다 농사의 신 영등할망, 생명을 주는 삼승할망까지 수없이 많은 신화의 주인공들이 있어. 그 신들은 고단한 제주 사람들, 특히 여성들을 도와주는 든든한 응원군이었지.

이렇게 제주에 여성 신화가 많이 남아 있는 것은 아주 중요해.

세상이 남성 중심으로 바뀌면서 동서양 모두 여성이 주인공인 신화도 달라졌거든. 서양에서도 힘센 남성 신이 등장하면서 여신은 역할이 작아지고, 우리나라에서도 여성 신화가 점점 사라져 갔어.

하지만 제주에는 여전히 여성 신화가 중심을 이루는데, 제주 사회에서 여성의 힘이 중요하기 때문일 거야. 또 탐라국 신화 속 세 명의 여성들이 아직도 제주 사람들 마음속에 살아 있다는 뜻이기도 하지.

조선 시대, 여자 군인이 있었다고?

조선 시대 제주 사람들의 삶은 어떠했을까?

역사 기록을 찾아보면 제주 사람들이 힘들어 했던 '6고역(六苦役)'이 있었어. 전복을 캐는 포작, 해조류를 채취했던

잠녀, 말을 기르던 목자, 귤을 재배하던 과원, 진상품을
운반하는 선격, 관청의 땅을 경작해 주던 답한 등 6가지였대.

얼마나 힘든 일이면 '고역'이라고 했을까?

그게 끝이 아니었어. 가혹한 세금도 문제였는데 그중에서도
'진상'이 제주도 사람들을 숨 막히게 만들었어.

진상은 그 지역의 대표적인 특산품을 국가에 바치는
세금이야. 제주에서는 감귤, 전복, 갓 등이 진상품이었는데
그것을 마련하느라 제주 사람들은 고생했지.

이런 수탈을 참지 못해 사람들이 다른 지역으로 많이 도망을
가 버리자 나라에서는 마음대로 섬 밖으로 나가지 못하도록
출륙 금지령까지 내려. 제주도 인구가 줄면 왜구를 방어할
수 없고, 진상품을 마련하기도 힘들기 때문이야. 그 이후
제주도에서 배를 타고 나가려면 관청의 허가를 받아야 했고,
심지어 제주 여성은 다른 지역 남성과 결혼도 할 수 없었어.

또 고기잡이를 할 때는 배를 타고 도망칠 수 없도록 작은 배
'테우'만 쓸 수 있었어. 험한 바다에서 테우를 타고 일하다가
남자들이 목숨을 많이 잃었지.

이렇듯 여러 가지 이유로 인해서 제주는 돌, 바람, 여자가

많다는 삼다(三多)의 섬이 되었어.

　1600년대 김상헌의 제주 기행문인 『남사록』을 보면 당시
제주 인구가 2만 2천여 명이라고 적혀 있어. 남자가 9천
명, 여자는 1만 3천 명으로 여자가 더 많았다고 해. 그러니
자연스럽게 여성이 남성과 똑같이 중요한 일을 했어.

　가장 먼저, 여성이 군역을 맡았어. 나라를 지키는 군역을
다른 지역에서는 남자들이 도맡았는데, 왜구 침입이 잦았던
제주에서는 여자도 함께해서 '여정(女丁)'이 생겨. 『남사록』에는
남정이 500명, 여정이 800명이라고 적혀 있어.

　목숨을 건 험한 일도 여성의 몫이 되었어.

　깊은 바다에 들어가 전복을 캐는 일은 매우 위험해서
'포작인(鮑作人)'이라고 부르는 남성들 몫이었어. 하지만 남성이
줄어들자 잠녀들이 깊은 바다에 들어가 전복을 따야 했는데,
그것이 제주 해녀의 시작이야.

　'해녀'는 산소 공급 장치 없이 바다로 들어가 전복, 성게,
소라 등 해산물을 따는 '물질'을 하는 여성을 뜻해. 원래
제주에서는 해녀를 잠녀라고 했는데, 일제 강점기부터
해녀라고 불렀지.

해녀들은 열다섯 살쯤부터 물질을 배워서, 한평생 바다에서 돈을 벌어 가족을 부양하고 제주 경제를 떠받쳤어. 일제 강점기에는 울릉도, 독도, 부산을 비롯해 일본, 중국, 러시아 등으로 나가서 일을 했지.

그렇게 제주 해녀는 강인한 여성의 상징이 되었어. 지금도 여러 가지 질병에 시달리면서도 여든 살이 넘어서까지 바다로 나가는 여성들이 많아.

깨자!
고정관념

제주 여성들은 사회에도 관심을 갖고 불합리한 문제를 해결하려고 했어.

일제 강점기 일본인들이 해녀들을 괴롭히고, 경제적으로 힘들게 했지. 참을 수 없던 해녀들은 1932년 항일운동을 시작해. 제주도민들도 함께해 줘서 이백 번이 넘는 집회와 시위를 열었어. 덕분에 연인원 1만 7천여 명이 참여해 일제에

저항한 거야. 이렇게 여성들이 중심이 된 항일운동은 다른
지역에서 찾기 힘들어.

해방 이후에도 제주도 사람들의 고난은 끝이 없어서, 한국
현대사의 가장 큰 비극인 제주4·3을 겪어. 당시 희생자의
79퍼센트가 남성이었지. 그래서 4·3 이후 불타 버린 마을을
새롭게 일으켜 세우는 일, 농사를 짓고 돈을 버는 일도 제주
여성들의 몫이었지. 4·3의 아픔을 이겨 내고, 제주가 지금처럼
발전하기까지는 여성들이 고생을 많이 했어.

다른 지역보다 훨씬 힘든 상황에서도 굴하지 않고
일어서는 제주 여성의 힘은 어디에서 왔을까? 어린 시절부터
어머니로부터 전해 들은 신화 속 여성들을 떠올리며 강인한
여성으로 성장하지 않았을까?

제주 여성을 보면서 우리 사회의 성별 고정관념이 얼마나
잘못된 것인지 알 수 있지.

요즘도 직장 생활은 남성이 하고 여성은 집에서 살림하고
아이를 도맡아 키워야 한다고 생각하는 사람이 있을 거야.
예전보다 남녀 차별이 사라졌다고 하지만 지금도 그런
고정관념 때문에 여성들이 피해를 보기도 해.

OECD는 2019년 성차별로 인해 발생하는 경제적 손실이 글로벌 GDP의 7.5퍼센트라고 추정했어. 어느 사회학자는 성평등이 남녀 모두에게 도움이 되고, 성평등 지수가 높은 나라는 행복지수도 높게 나타난다고 말해.

행복해지기 위해서 우리는 이런 성역할 고정관념에서 빨리 벗어나야겠지?

그런 생각을 이미 고대 사회에서 실천한 사람이 바로 탐라국 신화에 나오는 세 명의 여성들이야. 그래서 탐라국 건국 신화가 지금 우리에게 더 필요한지도 몰라.

제주 사람들을
괴롭힌 것들

조선 시대 세금은 세 종류가 있는데, 땅을 기준으로 하는 전세, 군대에 가거나 노동력을 바치는 요역(군역 포함), 그리고 지역 특산품을 내는 공납이 있어. 공납은 진상이라고도 해.

제주도는 말, 귤, 옥돔을 비롯해 흑우, 노루, 사슴, 미역, 오징어 등 여러 가지를 진상으로 바쳤어.

먼저 말을 살펴보면, 제주도는 날씨가 따스하고, 한라산 중산간 지역에 초원이 있어서 말을 키우기 좋았지. 특히 호랑이 같은 맹수가 없어서 말을 방목하기 유리했어. 그래서 고려 시대 원나라 간섭기에 원나라는 제주도에 탐라총관부를 두고 직접 통치하며 목장을 설치하고 말을 키웠어.

조선 시대에는 나라에서 관리하는 목장 열 곳에서 말을 사육했는데, 그 수가 1만 마리 이상이었대. 민간에서 키우는 말까지 더하면 어마어마했겠지?

국가에서 운영하는 목장에서 말을 키우는 목자를 말테우리라고 불렀어. 말이 죽으면 말테우리가 자신의 돈으로 물어내야 하는데 그 값이 상상을 초월했지. 그래서 친척들한테까지 같이 책임을 물었어. 그러다 보니 비극적인 일도 많이 일어났어.

감귤도 제주도 사람들을 괴롭혔지.

그때의 귤은 지금 먹는 귤과는 다르게 유자와 더 비슷했어.

귤을 진상하는 과정을 보면, 봄에 관원들이 귤나무가 있는 집에 찾아가서 나무에

꽃이 몇 개 피었는지 확인해. 그 꽃 개수만큼 겨울에 귤을 내야 하는 거야. 하지만 태풍이 불어서 귤이 떨어지면 귤을 사서 숫자를 맞춰야 하니 너무 힘들었어. 그래서 귤나무에 소금을 뿌린다거나 뜨거운 물을 뿌려서 말라죽게 만들기도 했대.

또 한양에 귤 백 개를 보낸다고 하면 제주에서는 이백 개 이상 준비해야 하지. 배로 운반하다 보니 오래 걸려서 귤이 썩었거든. 그뿐만 아니라 관원들이 중간에서 먹기도 했대.

전복도 문제였어.

전복을 따는 남자들을 포작인이라 불렀는데 50명이 한 해에 130만 개 이상의 전복을 진상했다는 기록이 있을 정도야. 365일 하루도 쉬지 않고 70개를 따야 한다니, 돈도 받지 못하고 일을 해야 하는 삶이 참 가혹하지?

이렇게 제주도는 진상품을 마련하느라 경제적으로 여유로울 수 없었어.

이런 진상의 폐단을 없애려고 대동법이 생겨.

백성들이 화폐처럼 쓰는 쌀이나 옷감을 진상품 대신 내면, 관청에서는 그것을 상인들한테 줘서 진상품을 구입하도록 한 거야. 덕분에 상업이 활발해졌지.

신라
박혁거세
석탈해
김알지

알 에 서
태 어 난
까 닭 은 ?

신비로운 건국 신화라면 신라를 세운 박혁거세 이야기도
빼놓을 수 없겠지?

고조선이 멸망할 무렵, 우리나라 남쪽에는 진한, 변한,
마한, 세 나라가 있었어.

한반도 동남부에 자리한 진한에는 12개의 작은 나라들이
있었대. 『삼국사기』 「신라 본기」를 보면, 12개 나라 중에는
고조선이 멸망한 뒤 내려온 사람들이 만든 사로국이
있었다고 해. 그 사로국은 지금의 경주에 자리 잡았는데,
여섯 부족이 힘을 합쳐 만든 나라였어.

그 이후, 사로국에 박혁거세가 나타나서 여섯 나라를 합쳐
신라를 세워.

신라는 고구려, 백제와 다르게 박혁거세, 석탈해, 김알지의
후손들이 돌아가면서 왕의 자리를 물려받아.

신라 국왕들의 성씨를 따져 보면 정확히 알 수 있는데,
56명의 왕 중에는 박씨가 10명(1~3대, 5~8대, 그리고 통일신라
말기인 53~55대), 석씨가 8명(4대, 9~12대, 14~16대), 김씨가
38명이야.

왜 신라만 이렇게 독특한 정치 풍경이 나타났을까?

아마도 신라 건국 초기에는 박씨 세력이 힘이 강했고 그이후에는 석씨, 마지막으로 김씨가 힘을 키워서 왕의 자리를 차지했을 거야.

특히 눈길을 끄는 부분은 첫 김씨 왕인 13대 미추왕이 죽고 다음 14대 왕권을 석씨인 유례왕이 차지했다는 거야. 김씨와 석씨 두 세력이 왕의 자리를 놓고 치열하게 다투었다는 뜻이지. 그 이후 석씨가 왕위를 물려받다가 17대 내물왕 때부터 김씨가 가장 강력한 세력이 되면서 왕권을 오랫동안 지켜 내.

그래서 박혁거세, 석탈해, 김알지, 이들 세 사람의 신화를 살펴보아야 신라 건국 초기의 사회 시스템을 알 수 있지.

참고로 박혁거세는 경주 박씨, 석탈해는 월성(경주) 석씨, 김알지는 경주 김씨의 시조야.

왜 흰말이 있었을까?

먼저 박혁거세 신화를 볼게. 『삼국사기』, 『삼국유사』에 나온 유명한 이야기라서 다들 알 거야.

진한(辰韓)의 여섯 마을 우두머리인 촌장들이 왕을 정하기 위해 알천 상류 지역 높은 곳에 모였어. 그때 양산 촌장이 신비로운 장면을 목격해. 나정이라는 우물가에 번개와 같은 이상한 기운이 있는 거야.

사람들이 그곳으로 가 보니 흰말이 엎드려 절하고 있고 그 앞에 붉은빛 알이 있었대.

말은 사람들을 보자 길게 울고는 하늘로 올라갔지.

알을 깨뜨리자 사내아이가 나왔고, 아이를 목욕시키니 온몸에서 빛이 뿜어졌어. 그리고 새와 뭍짐승 들이 춤을 추고, 하늘과 땅이 진동했어. 거기서 끝이 아니야. 해와 달까지 밝게 빛났대. 그 모습을 본 촌장들이 아이를 왕으로 모시기로 하고 이름을 혁거세라고 붙여 줬어.

그럼 이제 이 신화에 담긴 깊은 뜻을 풀어 볼까?

박혁거세 신화 또한 주몽 이야기와 같은 난생 신화야.

알에서 태어난 박혁거세도 하늘에서 내려온 아주 귀하고 위대한 사람이라고 꾸미는 거야. 그래야 백성들이 우러러보고 왕으로 모실 수 있으니까. 또 난생 신화는 농사를 바탕으로

하니, 당시 경주 지역에서 농업을 매우 중요하게 여겼다고 볼
수 있지.

박혁거세 신화에서는 말도 중요해.

신화에는 새, 말이 등장하는 경우가 많은데, 말이 하늘의
뜻을 땅에 전하는 메신저 역할을 한다고 해.

또 말의 의미를 찾아보면, 고대 사회에서 말은 엄청 중요한
수단이면서 상징이야. 당연히 너무 귀해서 지도자들만이 탈 수
있었어. 그래서 건국 신화에 말을 등장시켜서 위대한 인물이
태어났다고 강조하는 거지.

나도 왕이 되고 싶어!
하지만……

가야에서도 살펴보았지만 촌장 여섯 명 중에서 왕이 나오지
않았잖아. 즉 여섯 촌장의 힘이 비슷비슷했다는 뜻이야.

민심은 천심이라고, 백성들의 지지를 받아야 왕이 될 수
있어. 그러려면 아주 특별한 기술이 있거나 백성들이 놀랄 만한

능력을 갖고 있어야 하는데 여섯 명 중에는 그런 사람이 없었던 거야.

다만 나정이라는 우물이 양산 촌장이 다스리는 곳에 있었고, 그곳에서 왕을 정했잖아. 아마도 양산이 중심 지역이고, 촌장 중에서 양산 촌장이 가장 힘이 셌다고 추측할 수 있어.

당시 촌장들은 연맹체를 구성하고 회의를 통해 갈등을 풀어냈어. 그 전통이 훗날 귀족들이 모여 국가의 정책을 의논하는 신라의 화백 회의로 이어져.

당나라 역사책 『당서』에는 화백 회의를 이렇게 적고 있어. 일이 있을 때 여러 사람들이 모여 회의를 하는데 한 사람이라도 의견이 달라서 만장일치가 안 되면 회의를 중지했다고 나와.

이후 신라는 왕권이 강해지면서 6촌은 6부로 바뀌고, 성씨를 하사해. 역사 기록에는 유리 이사금 때라고 하지만 학자들은 한참 뒤인 법흥왕 때라고 추측하고 있어. 양산촌은 급량부로 바뀌고 촌장은 경주 이씨 시조가 돼. 고허촌은 사량부가 되고 촌장은 경주 최씨의 조상이야.

배 타고 이사 온
석탈해

신라 건국 신화에서 박혁거세 못지않게 중요한 인물이 세 명 있어. 석탈해와 김알지, 그리고 호공이야.

먼저 석씨 왕의 시조인 석탈해 신화를 살펴볼게.

신라 2대 왕인 남해왕 때, 경주 근처 바닷가에 살던 어떤 할머니가 바닷가를 보니 까치들이 떼를 지어 날며 울고 있었지. 가까이 가 보니 배 한 척이 있었고 그 속에 커다란 궤짝이 있었어. 궤짝 속에는 사내아이가 있었어.

할머니는 그 아이를 데려가 잘 키웠고, 훗날 아이에게 어떻게 해서 이곳까지 오게 되었는지 물었대.

사내아이는 자신은 바다 건너 어느 나라의 왕자라고 이야기를 시작했어. 어머니가 알을 낳자 아버지인 왕은 알이 불길하다고 했대. 어머니는 알을 비단에 싸서 보물과 함께 배에 싣고 떠나보냈지.

배에서 알을 깨고 태어난 사내아이가 바로 석탈해야.

이 이야기도 뜻을 풀어 봐야겠지?

먼저 할머니는 위대한 인물이 신라에 왔다고 예언을 하는 무당으로 볼 수 있어.

박혁거세 신화에서는 말이 등장했다면 이 이야기에는 까치가 나와. 까치는 하늘과 땅을 연결한다고 생각할 수 있는데, 유능한 사람의 탄생을 알리는 존재로도 볼 수 있어. 그리고 성씨인 석(昔) 자를 눈여겨봐야 해. 까치 작(鵲)에서 새 조(鳥) 자를 빼면 석(昔) 자가 돼. 석탈해는 월성(경주) 석씨의 시조야.

이 이야기에는 석탈해 세력의 출신을 알 수 있는 부분이 있어. 바다에서 왔다고 했으니 석탈해는 해양 세력이라고 추측해 볼 수 있어. 또 호공과의 싸움에서 자세히 설명하겠지만 석탈해의 조상이 대장장이였다고 하는 것으로 보아 철기 다루는 능력이 뛰어난 세력이었다고 볼 수 있지. 덕분에 신라 사회에서 빨리 힘을 키웠을 거야.

석탈해는 훗날 2대 남해왕의 사위가 되고, 시간이 흘러서 4대 왕위에 올라.

표주박을 차고 온
호공

호공이 어떤 인물인지도 알아봐야 해.

호공은 본래 왜국 사람으로, 처음에 표주박을 허리에 차고 바다를 건너와서 표주박 호(瓠) 자를 써서 호공이라 불렀다고 해. 호공도 다른 지역에서 신라로 옮겨 온 집단의 지도자라고 추측할 수 있지. 다만 일본을 뜻하는 왜국에서 왔다고 해서 일본이라고 말할 수는 없어. 아마도 바다 건너에서 왔다는 뜻일 거야.

호공이 신라에서 어떻게 살았는지는 역사 기록에 남아 있어.

호공은 높은 관리가 되어서 마한에 사신으로 갔다고 해. 마한 왕이 호공에게 진한이 자신들의 속국인데, 공물을 보내오지 않는다고 꾸짖었대. 하지만 호공은 기죽지 않았어. 오히려 박혁거세가 나라를 다스리면서 경제적으로 풍족해지고 힘이 부강해서 변한, 낙랑, 왜나라까지 자신들을 두려워한다고 목소리를 높였어.

그리고 우리 임금이 겸허하게 자신을 사신으로 보내는 것이
오히려 과한 예절이라 할 수 있다고 덧붙이지.

이 부분에서 호공이 신라 초기에 얼마나 큰 역할을 했는지
알 수 있어. 또 김알지의 탄생 신화에서 호공이 김알지를
발견했다고 했으니, 김알지 세력과도 아주 가까웠을 거야.

호공은 석탈해와 갈등을 겪기도 해.

역사 기록을 보면, 석탈해는 호공이 사는 집이 좋아 보여서
그 집을 뺏을 궁리를 했대. 그래서 몰래 호공의 집 근처에
숫돌과 숯을 묻어 두지. 그리고 호공을 찾아가 자신의 조상이
대장장이였고, 원래 이곳에 살았다고 우겨. 어이가 없던 호공은
관청에 신고하고 조사를 하도록 했는데, 집 주변에서 숫돌과
숯 부스러기가 쏟아져 나왔지. 그렇게 호공의 집을 석탈해가
차지해.

지금 시선으로는 너무 황당하지만 이 이야기를 그대로
받아들이면 안 돼.

호공의 유능함을 알아챈 석탈해가 그의 힘을 꺾으려고
했다고 풀이해 볼 수 있어.

그 이후 왕위에 오른 석탈해는 지금의 국무총리 자리를

호공에게 맡겨. 그렇게 다른 지역에서 들어온 두 사람이 힘을
합쳤던 거야.

김알지도 알에서?

김씨 왕의 시조인 김알지 신화도 알아야겠지?

호공이 월성 서쪽의 어느 숲에서 큰 빛이 나는 것을 보았어.

가까이 가서 보니 금으로 만든 궤가 나뭇가지에 걸려 있고
흰 닭이 나무 밑에서 울고 있었어. 호공은 왕인 석탈해에게 이
소식을 알렸어. 석탈해도 급히 숲으로 달려가 궤를 열어봤겠지.
궤 속에는 남자아이 하나가 누워 있었어.

석탈해가 아이를 안고 궁궐로 돌아오는데 새와 뭍짐승 들이
뒤를 따랐어. 석탈해는 아이가 금궤에서 나왔다고 하여 성을
김(금)씨로 했지. 그가 경주 김씨 시조인 김알지야.

석탈해는 김알지를 훌륭하게 키웠고 훗날 왕의 자리를
넘겨주려고 했는데, 김알지는 파사 이사금에게 양보했어.

이 이야기도 조금 더 깊이 들여다봐야 해.

먼저 금으로 만든 궤 속에서 태어났다는 점을 주목해 볼게. 금은 철을 상징하니 그가 철기를 잘 다루는 집단 출신이라는 뜻일 거야.

또 호공이 김알지를 발견하고 석탈해가 직접 길렀다고 했으니 세 사람이 힘을 합쳤다고 볼 수 있어. 즉 석탈해는 김알지 세력과 손을 잡아 힘을 키우려고 했던 거야. 그러면서 훗날 김알지에게 왕위를 물려주려고 했지만 김알지는 파사 이사금에게 양보해서 다시 박씨가 왕이 되잖아. 아마도 석씨, 김씨 연합 세력이 박씨를 이기기 어려웠던 것 같아.

허무맹랑해 보이는 신화 속에 진짜 역사 풍경이 담겨 있어서 놀랍지?

석탈해, 김알지, 호공 이야기를 정리하면, 이 세 사람은 다른 지역에서 신라로 들어온 이주민들이라는 공통점이 있어. 그리고 그들이 농경, 해양, 북방 철기 문화 등 다양한 문화와 기술을 신라에 전해 준 덕분에 신라는 부족 연맹체를 벗어나 국가 단계로 진입할 수 있었어.

결론적으로 신라는 다양성과 다문화를 바탕으로 성장한 열린 사회였던 거야.

때를 기다릴 줄 알아야
하느니라!

석탈해와 김알지에 대해서는 흥미로운 이야기가 전해
내려오고 있어.

석탈해는 남해왕의 딸과 결혼하여 왕의 사위가 되었고, 신라
최고의 관직에도 올라.

남해왕은 세상을 뜨기 직전 아들 유리에게 왕위를
석탈해에게 넘기라고 해.

그 소식을 들은 석탈해는 유리에게 덕과 지혜가 많은 사람은
이가 많다고 하며 둘 중 이가 더 많은 사람이 왕위를 잇도록
하자고 제안해. 그러면서 떡을 한 입 베어 물었을 때 생기는
자국인 잇금을 셌는데, 유리가 더 많았어. 그렇게 유리가 제3대
유리 이사금으로 등극하지.

신라 시대 왕을 뜻하는 이사금도 잇금에서 유래했고, 잇금이
훗날 변해서 임금이 되었다고 해. 치아가 많은 사람이 왕이
된다니, 좀 이상하지? 하지만 고대 사회에서 치아는 건강의
증거였대. 또 치아 개수로 그 사람이 얼마나 더 살 수 있는지 알

수 있었다고도 해.

아마도 석탈해는 유리의 치아 개수가 자신보다 많다는 것을 알고 있었을 거야. 석탈해는 왜 흔쾌히 왕이 되지 않고 이렇게 머리를 굴리며 왕위를 넘겼을까?

이 부분만 보면 형님 먼저, 아우 먼저, 왕의 자리를 양보하는 모습이 아름다워 보여. 하지만 이 이야기를 그대로 믿으면 안 돼. 왜냐하면 신라 초기, 박씨 세력과 석씨 세력이 왕이 되려고 치열하게 싸우는 모습을 아름답게 꾸며 낸 거니까.

만약 이때 석탈해가 눈치 없이 왕이 되겠다고 했다면 어떻게 됐을까? 더 강했던 박씨 세력이 가만두지 않았을 거야. 석탈해는 왕위에서 쫓겨나거나 죽임을 당했을 수도 있어. 그것을 알고 있던 석탈해가 치아 개수를 세자고 먼저 제안한 거지.

석탈해는 유리왕이 세상을 뜨자 그다음에 왕위에 올라. 왕이 될 수 있을 때까지 힘을 키우며 기다렸을 거야.

석탈해와 비슷한 사람이 또 한 명 있어. 바로 김알지야.

제4대 왕인 석탈해는 김알지를 태자로 정하고 왕위를 잇게

하려고 했어. 하지만 김알지도 제5대 파사 이사금에게 왕의
자리를 양보해. 이 또한 왕위를 양보하는 아름다운 이야기처럼
보이지만 실상은 달랐을 거야.

역사학자들은 석씨, 호공, 김씨 세력이 힘을 모아 권력을
차지하려고 했지만 박씨 세력을 이길 수 없어서 다음 임금
자리를 박씨에게 넘겼을 거라고 판단하지.

만약 김알지가 눈치 없이 왕위에 오르겠다고 욕심을 냈다면
박씨 세력이 가만두지 않았겠지? 절체절명의 중요한 순간,
김알지가 고개를 숙이고 뒤로 물러나면서 목숨을 지켰고, 훗날
후손들이 자신의 한을 풀어주기를 기다렸지.

그렇게 김씨 세력들은 200년 동안 힘을 키워서 드디어 왕의
자리를 차지했어. 김알지의 한을 풀어준 셈이야.

이 이야기에서 우리는 자신에게 기회가 올 때까지 참고
기다릴 줄 알아야 한다는 큰 교훈을 얻을 수 있어. 역사를 보면
욕심이 너무 커서 냉정하게 판단을 하지 못하고, 성급하게
움직여서 안타까운 상황을 맞이하는 사람들이 많으니까.

왕을 뜻하는 말이
왜 계속 바뀌는 거야?

신라는 여섯 촌장, 그리고 다른 지역에서 들어온 다양한 세력이
힘을 합쳐서 세운 나라잖아. 이주 세력의 힘도 셌지만 여전히
촌장들의 힘도 강해서 촌장들이 회의를 해서 다음 왕을 정했대.
그러다 보니 박씨, 석씨, 김씨 세력이 돌아가면서 왕이 되곤
했어.

왕을 뜻하는 말이 어떻게 바뀌는지 알면 더 쉽게 이해할
수 있어. 박혁거세는 귀인, 지도자를 뜻하는 거서간, 남해왕은
무당을 뜻하는 차차웅, 유리왕부터는 이가 많은 사람,
나이가 많은 사람을 뜻하는 이사금이라고 불렀어. 그 이후에
마립간으로 바뀌는데 우두머리라는 뜻이야.

그러다가 김씨 세력인 지증왕 때부터 왕이라고 했대. 왕이
촌장들, 즉 토착 세력을 누르고 힘이 강해져 신라 전체를
다스리는 사람이 된 거야. 고구려, 백제는 그전에 이미
왕이라고 불렀으니까 신라 초기 왕의 힘이 얼마나 약했는지
알 수 있지. 그렇다면 신라는 어떻게 해서 왕 중심의 중앙집권

국가로 발돋움했을까?

우선 법흥왕 때, 법률인 율령을 만들었어. 그때부터 신라 모든 지역을 왕이 정한 똑같은 법으로 다스린 거야. 그전까지는 각 지역을 촌장들이 다스렸어.

그다음으로는 불교를 널리 퍼트렸어.

삼국에서는 중국과 맞닿아 있는 고구려가 가장 먼저 불교를 받아들이고, 그다음 백제가 불교 국가로 성장해. 하지만 신라는 중국과 멀리 떨어진 한반도 동남부 구석에 있어서 불교를 가장 늦게 받아들여.

그렇다면 신라에 불교가 들어오기 전에는 어떤 종교를 믿었을까?

촌장마다 믿는 신이 따로 있었고, 자신들도 하늘 신의 자손이라고 말하며 백성들한테 힘을 자랑했어. 그런 까닭에 그 지역 백성들은 당연히 그 신을 믿으며 촌장들을 따랐지. 그러다 보니 왕의 힘도 약하고 신라 전체를 하나로 묶기 힘들었어.

이런 문제점을 파악한 법흥왕은 불교를 국가의 종교로 받아들였고, 차츰 각 지역의 백성들도 불교를 믿기 시작해. 당연히 촌장들의 힘이 약해졌어.

이차돈의 목에서는
정말 흰 피가 흘렀을까?

❀

이차돈이라고 들어봤지?

법흥왕과 아주 가까운 젊은 신하인 이차돈은 왕이 시켰다고 주장하면서 경주의 천경림(天鏡林)에 절을 지으려 했어. 천경림은 귀족들이 신성하게 여기는 종교적인 곳이었어. 그곳에 절을 지으면 불교의 힘이 커질 테고, 그러면 자신들이 믿는 신의 힘, 더 나아가 권력도 약해질 테니 귀족들은 당연히 강하게 반대를 했어. 법흥왕은 이차돈에게 그런 명령을 내리지 않았다며, 거짓말을 한 이차돈의 목을 베라고 했지.

이차돈은 죽기 직전, 부처님이 있다면 내가 죽은 뒤 반드시 신비로운 일이 벌어질 거라고 말했대. 과연 어떻게 됐을까? 『삼국유사』에는 그가 죽자 하늘이 어두워지고 땅이 진동하더니 꽃비가 내렸다고 적혀 있어.

신비로운 모습을 본 귀족들은 천경림에 절을 짓도록 허락해.

어떤 학자들은 귀족들이 왕의 뜻을 따르도록 하기 위해 이차돈이 스스로 죽겠다고 먼저 나선 것으로 해석해야 한다고 말하기도 해. 아끼는 젊은 신하까지 죽이는 왕이 두려워 귀족들이 결국 뜻을 굽힐 거라고 생각한 거지. 불교를 국가 종교로 받아들이도록 하기 위한 희생이었던 거야. 그만큼 신라에서 귀족들의 힘이 만만치 않았다는 뜻이기도 해. 또 이차돈의 목에서 흰 피가 흘렀다는 소문을 내서 백성들도 불교를 믿도록 했을 거야.

또 국가에서는 백성들에게 왕을 부처님과 비슷한 존재라고 여기도록 해서 왕의 힘이 더 강해졌지.

이렇게 힘을 키운 신라는 강력한 중앙집권 국가로 나아가고 훗날 삼국을 통일해.

경주 시내에 거대한 왕릉이 많은 까닭은?

신라의 유적과 유물은 백제, 고구려와 많이 다른데 그 이유가 무엇일까?

백제와 고구려의 무덤은 돌을 계단식으로 쌓아 시신을 안치하는 계단식 돌무지무덤이야. 하지만 신라에서는 5세기에서 6세기에 돌무지덧널무덤을 만들어.

돌무지덧널무덤은 큰 나무 덧널을 만들고 그 속에 시신을 넣어. 그리고 죽은 사람이 평소에 쓰던 물건, 왕관, 천마도, 금귀걸이 등도 함께 담고 덧널 뚜껑을 덮어. 마지막으로 그 덧널을 땅속에 묻고 그 위에 냇돌을 쌓아 올려. 특이한 점은 그 위에 흙을 많이 덮어서 무덤이 나지막한 언덕처럼 보이지. 오늘날 경주 시내에서 흔히 볼 수 있는 천마총, 금관총 등이 대표적이야.

신라에서 이런 무덤이 만들어진 시기가 중요해. 김알지의 후손들인 김씨들이 본격적으로 왕위에 오르던 때야. 왕을 뜻하는 낱말이 이사금에서 마립간으로 바뀌며 왕권이 서서히 강해졌어. 그때 왕의 권위를 보여 주려고 백성들이 쉽게 볼 수 있는 시내에 무덤을 언덕처럼 크게 만들었다고 해. 이런 무덤을 북방 문화의 흔적으로 보는 학자들이 있는데, 왕의 권력을 강화하려고 북방 문화를 받아들였으리라 추측하기도 해.

이렇게 만든 돌무지덧널무덤은 무덤이 언덕처럼 크고, 구조가 복잡해 도굴이 어렵다는 장점이 있어. 그래서 그 속에 묻은 물건, 왕관 등 부장품이 온전하게 남아 있을 수 있었어. 그 덕분에 우리는 신라 사람들의 화려한 솜씨, 문화, 역사를 알 수 있지.

거대한 무덤을 더 주목하는 이유는 그 속에서 금관이 많이 나왔기 때문이야.

세계 각지에서 발견된 고대 사회의 금관은 많지 않은데

그중 대부분이 신라 금관이라니, 놀랍지? 아마도 김씨 왕조는
왕을 상징하는 황금으로 금관을 만들며 힘을 보여 주고, 새로운
시대가 시작되었다고 알리고 싶었을 거야. 그래서 성씨도
김(金)으로 하지 않았을까?

금관의 모양도 주목해야 돼. 나무와 사슴뿔 모양으로
장식했어. 나무와 사슴 장식은 알타이, 시베리아 지역에서
제사장, 샤먼 즉 왕을 상징한대. 왜 하필 사슴뿔과 나무로
장식했냐고? 사슴뿔과 나무가 하늘과 땅을 이어 준다는 의미가
있어. 지금도 그 지역 유물에서는 나무, 사슴 장식을 한 왕관이
많이 발견되었어.

천마도도 빼놓을 수 없어.

천마총에서 발견된 천마도는 벽에 걸어 놓고 감상하는
그림이 아니야. 말을 타고 달릴 때 발굽에서 진흙이 튀어
옷이 더러워지지 않도록 말의 안장 안쪽에 늘어뜨려 놓는
말다래(장니)에 그린 그림이야. 말다래는 말을 많이 타는 북방
민족들이 많이 사용해.

천마도는 어디에 그렸을까? 연구 결과, 백색의 껍질을
가진 나무라서 백화수(白樺樹)라 부르는 자작나무 껍질을 여러

겹 누벼서 만든 백화수피를 사용했어. 백화수피를 얻으려면
자작나무가 있어야 하는데, 만주와 시베리아 일대에서만 볼 수
있는 북방계 나무라고 해. 아마도 북방에서 수입했을 거야.

이런 유물을 보면 신라가 북방 지역과 얼마나 활발하게
교류했는지 알 수 있지.

『삼국사기』에 "조선의 유민들, 중국 진나라의 난리를 피한
망명객들, 고구려의 공세에 밀려 내려온 낙랑인들이 신라 땅에
와서 살았다"라는 기록이 있어. 또 중국 역사서인 『삼국지』
「동이전」에도 신라를 세우기 전인 진한 시절에 진시황의
폭정을 피해 중국 북방에서 내려온 사람이 많다고 적혀 있어.

이렇게 신라는 애초부터 여러 지역에서 온 사람들이 모여
살고 있어서 다양한 문화가 활발하게 만나는 열린 나라가
아니었을까? 그런 까닭에 박혁거세, 김알지, 석탈해, 호공 등
여러 지역에서 온 다양한 세력과 그들의 문화를 거부감 없이
받아들여 나라를 세우는 기틀을 마련하잖아.

마립간의 시대가 끝나며 왕의 권력이 강화되고 법으로
통치하는 시대가 시작되면서 왕의 무덤은 작아져. 왕의 힘을
과시하지 않아도 충분히 지배력이 강해졌다고 볼 수 있으니

군이 크게 만들 필요가 없어진 거야.

경주 시내에서 흔히 볼 수 있는 왕릉에 이렇게 깊은 역사적
배경이 있다니 놀랍지 않아?

신라가 흉노의
후예라고?

삼국 통일을 이룬 태종 무열왕 김춘추의 아들인 문무왕
비석에는 자신의 선조를 '투후 김일제'라고 썼어.

김일제를 처음 듣는다고? 아마 대부분 낯설 거야.

김일제는 흉노의 왕자인데, 흉노가 한나라와의 전쟁에서
지면서 포로로 잡혀가.

한나라 황제는 그의 능력을 인정해서 김씨 성을 내려줘.
그리고 지금 중국의 산둥반도 지역을 다스리는 투후(秺候)로
임명해.

시간이 흘러 그 자손들이 중국 역사에서 사라지는데, 그들이
한반도 동남부로 들어와서 권력을 차지했다고 주장하는

학자들이 있어. 그 근거가 문무왕 비석의 글귀야. 이뿐만
아니라 신라의 학자 김대문, 당나라로 이주한 김씨 성을 가진
부인의 묘비에도 흉노의 후손이라고 적혀 있어. 이런 흔적들을
근거로 신라 김씨 왕조가 흉노의 후예라고 주장하기도 해.

하지만 그 의견에 동의하지 않는 학자도 많아. 정말
김일제의 후손이었다면 자손들의 계보가 명확할 텐데, 어느
기록에도 자손이 누구인지 밝히지 않았으니까. 쉽게 말해
족보를 위조한 것과 같다고 해.

그러면 신라 김씨 왕조는 왜 김일제의 후손이라고 했을까?

김씨 왕이 성골에서 진골로 바뀐 태종 무열왕과 문무왕
때, 새로운 김씨 조상을 설정할 필요가 있었다는 의견이 많아.
또 삼국 통일 전후 시기라서, 신라는 부여족이 세운 고구려,
백제와 맞서면서, 자신들의 역사를 더 넓히고 선민의식을
강화하기 위해 조상으로 김일제를 택했다고 해. 역사를 보면
흑해 연안에서 신라까지 수많은 나라들이 자신을 흉노의
자손이라고 했대.

흉노가
궁금하다고?

❋

흉노라고 들어봤지? '흉측한 오랑캐'로 생각하는 경우가 많은 것 같아.

흉노가 군사력이 강해 중국으로 내려와 피해를 주니 중국에서 흉측한 노비라고

이름을 붙인 거야. 진시황도 흉노를 막으려고 만리장성을 쌓았잖아. 한나라는 흉

노에게 200년 동안 조공을 바쳤고. 그만큼 강했다는 뜻이지.

흉노는 어떤 사람들일까?

흉노들은 말을 타고 초원길을 누비며 몽골에서 유라시아까지 대제국을 세웠어.

말을 타고 빠르게 달리면서 활을 쏘고, 칼을 휘두르려면 마구가 튼튼해야겠지?

마구 중에 가장 먼저 만들어진 것이 재갈이야. 말을 길들이는 데 필요한 것으로,

쇠로 만들었어. 말을 타고 내릴 때 사용하는 발걸이도 쇠로 만들잖아.

흉노들은 앞선 문명을 바탕으로 유라시아 대륙을 건너 유럽까지 진출해!

흉노는 고조선과도 깊은 인연이 있대. 바이칼호수 동쪽에 있는 흉노의 이볼가 유

적에서 우리의 난방 방식인 온돌이 발견된 거야. 한반도 북부 지역에서 사용했던

것과 똑같아. 온돌을 놓기 위해 집의 구조도 비슷하게 만들었다고 해. 추운 겨울

을 이겨 내려고 온돌 문화를 받아들인 거지. 또 수수를 재배하고, 집에서 개를 키

우는 것도 우리와 비슷하다고 해.

실크로드 끝에 신라가 있다고?

세계 역사를 보면 처음 초원길에서 시작한 문화 교류는 남쪽으로 내려오며 그 유명한 비단길로 이어져.

비단길은 중앙아시아 내륙에 만들어진 길인데, 아라비아 상인들이 오가며 비단을 비롯해 많은 물건을 서양에 전해서 비단길, 영어로는 실크로드라고 불렀어.

낙타의 등에 상품을 실어 날라야 해서 가볍지만 값비싼 사치품, 즉 비단, 향료, 도자기 등을 거래했지. 덕분에 비단길의 중심에 있던 당나라는 부유한 나라가 돼.

당나라의 수도는 장안인데 다른 나라에서 온 사신, 유학생, 상인들이 모여들어서 세계적인 도시로 발전해.

그래서 장안에서 화제가 되면 다른 나라까지 금세 퍼져 유행하거나 유명해져서 '장안의 화제'라는 말까지 생겨.

이렇게 당나라는 비단길을 통해 페르시아, 아랍 등 서역 문화를 적극적으로 받아들여. 당나라와 밀접하게 교류하고 있던 신라에도 서역 문화가 전해져.

당시 신라 사회가 어떻게 서역과 교류했는지 살펴볼까?

경주 옆에 있는 울산항이 국제항으로 발전해서 많은
아라비안 상인들이 배를 타고 와서 물건을 사고팔았어. 외국
상인 중에는 신라 여성과 혼인해 아이를 낳고 경주에 자리 잡은
사람도 제법 많았을 거야.

　　너무 과한 상상이라고? 그때 신라에 외국 사람이 살았다는

증거가 많아.

　　경주 괘릉의 무인석을 보면 눈이 부리부리해서 아랍인으로

보여. 아랍인들이 왕을 호위할 만큼 신라 사회에서 능력을

인정받았다고 볼 수 있지. 물론 불교의 사천왕을 모델로 해서

무인석을 만들었다는 의견도 있기는 해.

그뿐만 아니라 신라에 〈처용가〉라는 향가가 널리 퍼졌는데 노래의 주인공인 처용도 다른 나라에서 온 사람이라고 추측해. 처용의 얼굴을 닮은 탈을 보면 아랍 사람들이 생각날 거야.

유물에서도 국제 교류의 흔적이 남아 있어.

신라 왕릉에서 아라비아의 유리 장식, 구슬이 나왔고, 로마제국에서 만든 유리 제품도 있어. 신라가 다른 나라와 무역을 활발히 했다는 증거야.

이렇듯 신라 사회는 다른 나라에서 온 사람들한테 거부감이 없었던 같아.

오히려 적극적으로 다른 문화를 받아들이며 한 단계 발전하는 기회로 삼았을 거야.

그런 사회 분위기는 건축물에도 남아 있는데, 대표적으로 석굴암을 꼽을 수 있어.

고대 서양의 헬레니즘 문화를 받아들인 인도의 간다라 문화가 중앙아시아, 중국을 거쳐 신라에 전해져 석굴암에 반영된 거야.

특히 헬레니즘 건축에서는 인체를 만들 때 비례를 잘 설정해

안정감을 주는데, 그 비율이 석굴암의 본존불에 잘 나타난다고
해.

어느 건축가는 석굴암에 신라의 개방 정신이 가장 잘
담겨 있다고 평가해. 석굴암의 기하학적 구조는 동양의
건축물에서는 찾기 힘든데, 신라가 바닷길을 통해 서양과
적극적으로 교류하며 그 기술을 받아들였을 거라고 강조했어.

두려워 말고 떠나라, 바다 건너로

개방적인 사회 분위기 덕분에 신라 사람들은 외국으로 떠나는
데에도 두려움이 없었어.

당나라 동쪽인 산둥반도에는 신라인이 모여
사는 신라방을 만들고, 신라원이라는 사찰,
자치행정기관인 신라소까지 세웠어.

신라 전성기에는 200명의
학생이 당나라에서 공부를 했어.

외국 학생을 대상으로 하는 당나라의 과거 시험인 빈공과 합격자 80퍼센트가 신라 유학생이야. 유명한 학자 최치원이 대표적이지.

승려들도 당나라에서 공부하고, 더 넓은 세상을 보려고 사막을 건너 인도까지 갔어.

혜초는 『왕오천축국전』이라는 책까지 남겨.

당시 인도를 천축국이라고 불렀는데, 다섯 지역으로 나뉘어 있어서 오천축국이라고 했어. 혜초는 지금의 아프가니스탄을 지나 이슬람 세계인 아랍까지 다녀와.

혜초의 여행 과정을 보면서 이런 상상도 해 볼 수 있어.

역사 기록에는 없지만 신라 사람들이 걷거나 말을 타거나 혹은 배를 타고 동남아시아, 서남아시아, 유럽까지 가서 그 나라에 자리 잡지 않았을까?

어쩌면 지금도 세계 곳곳에 신라의 후예들이 살아가고 있을지 몰라.

이렇게 신라 사람들은 다른 나라와 적극적으로 교류하며 많은 기술, 정보를 얻었을 거야. 그렇게 다양성을 인정한 신라는 더 발전할 수 있었고, 삼국을 통일하는 원동력이 되었을 거야.

개방적인 태도, 다른 나라의 문화를 적극적으로 받아들이는 자세가 얼마나 중요한지 알겠지?

이주노동자, 결혼 이주 여성, 유학생 등이 점점 많아지는 요즘, 우리는 어떠한지 돌아봐야 할 거야. 신라인의 열린 마음 유전자가 지금 우리에게 절실하게 필요해.

연오랑과 세오녀는
왜 신라를 떠났을까?

연오랑과 세오녀 이야기는 『수이전』이라는 책에 처음 나와. 이를 일연 스님이 『삼국유사』에 넣었어. 어떤 내용인지 살펴볼게.

157년(아달라왕 4년) 동해안에 살던 연오랑은 바닷가에서 해초를 따는데, 갑자기 바위가 움직여서 일본으로 가. 이를 본 왜인들은 연오랑을 범상치 않게 여겨 왕으로 삼았어. 한편 세오녀는 남편이 돌아오지 않자 찾아 나서는데 바위 위에 남편의 신발이 있었지. 세오녀가 남편의 신발이 놓인 바위에 올라서니 역시 바위가 움직여 일본으로 갔어. 그렇게 부부는 만났고 세오녀는 왕비가 돼.

이때 신라에서는 해와 달이 빛을 잃어서 혼란스러워져. 천문 관측을 담당하는 신하인 일관(日官)은 해와 달의 기운이 일본으로 가 버려서 생긴 일이라 했지. 왕이 일본에 사신을 보내니 연오랑은 세오녀가 짠 고운 비단을 주며 이것으로 하늘에 제사를 올리라고 해.

돌아와 연오랑이 시키는 대로 하니 비로소 해와 달이 빛을 찾았대. 그 후 신라에서는 그 비단을 보물로 삼아 귀비고에 보관했지.

이 설화를 역사적으로 풀어 내는 학자들이 많아.

아달라왕 이후 신라는 점점 힘을 키워서 주변 작은 나라를 복속시켜 나가.

그 무렵 포항에는 태양신을 숭배하는 근기국이 있었어. 포항의 옛 이름이 해를 맞이한다는 뜻의 영일(迎日)이잖아. 그 나라의 지배층들은 신라와 합쳐지는 것을 거부하며 일본으로 떠났대. 그 세력의 주요 인물이 연오랑과 세오녀라고 해.

학자들은 두 사람의 이름을 주목하는데, 두 사람 모두 이름에 까마귀 오(烏) 자가 들어 있어. 까마귀는 태양, 왕을 상징해. 특히 다리가 세 개 달린 까마귀, 삼족오(三足烏)는 태양신으로 숭배했잖아.

학자들은 그들이 제철 기술을 갖고 있었다고 추측해. 이름에 쓰인 '오(烏)'에는 '검다'라는 의미도 있는데, 철을 다룰 때 검은 숯을 많이 사용하는 제철 기술자를 말한대.

또 태양을 숭배했다면 농사를 중요하게 여겼다고 추측할 수 있어. 근기국은 농사 기술이 뛰어났을 테니 당시 문화와 기술이 발달하지 못한 일본에서 환영받았을 거야. 그리고 세오녀는 비단을 짜는 기술, 연오랑은 철기 기술을 전했을 거야.

연오랑과 세오녀 설화는 일본에서도 흔적을 찾아볼 수 있어.

『일본서기』를 보면, 신라의 왕자 아메노히보코(천일창)와 아내 아카루히메가 일본에 직조 기술을 전수했다고 적혀 있어. 아카루히메는 직조의 여신으로 추앙을 받아 지금도 오사카에 히메지마 신사가 남아 있어. 또 교토에 오사케 신사는 양잠과 비단 직조 기술을 일본에 전파했다고 알려진 신라 진씨 가문을 모시고 있대.

결론적으로 연오랑과 세오녀 설화는 한반도 사람들의 해외 진출과 문화 교류를 상징적으로 보여 주는 이야기야.

글쓴이의 말

초등학생 때부터 역사책을 즐겨 읽었습니다. 저는 특히 조선
시대가 흥미로웠습니다. 주말이나 방학이면 친구들과 경복궁,
국립중앙박물관, 덕수궁, 우정총국 등 서울 시내에 남아 있는
조선의 흔적을 찾아다니느라 바빴어요.

가장 지루했던 부분은 선사 시대와 건국 신화였습니다. 박물관
선사 시대 전시실에 있는 작은 돌멩이, 조개껍데기, 깨진 토기
조각 등은 영 하찮게 느껴져서 건성으로 지나치곤 했습니다.
고조선, 신라, 고구려, 가야, 탐라국의 건국 신화는 또 얼마나
허무맹랑하고 믿기 어려운지요. 하늘의 아들이 땅으로 내려와
나라를 세웠다고? 곰이 사람으로 변신해서 단군 할아버지를
낳았다고? 알에서 태어난 사람이 나라를 세운다고? 심지어 땅에서
사람이 솟아난다니! 이런 판타지 소설 같은 이야기가 어떻게
역사가 될까? 건국 신화를 볼 때마다 얼마간 궁금한 마음이

들기는 했지만 어디서도 명쾌한 답은 얻기 어려웠고 자연스럽게 고대사는 건너뛰는 버릇이 생겼습니다.

그런데 몇 년 전 우리나라 역사를 다시 공부할 기회가 생겼습니다. 이번에는 선사 시대와 건국 신화 부분이 좀 다르게, 새롭게 다가왔어요. 예를 들어 단군 신화에서 하늘에 살던 환웅이 신단수 아래로 내려왔다는 문장에서는 그 안에 담긴 수많은 사연이 떠올랐습니다. 환웅이 원래 살던 동네에서 부와 권력을 차지했다면 굳이 고생하면서 낯선 동네로 떠날 이유가 없었겠구나. 살던 곳을 떠나 이사를 하기 전날, 그들이 느꼈을 설렘 반 두려움 반의 감정이 오롯이 느껴졌어요. 곰과 호랑이가 사람이 되고 싶다고 하는 부분에서는 그들의 깊은 한숨 소리가 들려왔고요. 사소한 습관 하나도 바꾸기 어려운데 곰은 살아남기 위해 오랫동안 지켜 온 습성을 버리고 완전히 새로운 삶을 선택한 거니까요. 얼마나 치열하게 노력했을지 전해져 와 마음이 뜨거워지는 한편 너무 이성적이고 독한 성격 같아서 두려운 마음도 들었어요. 끝내 자기자신을 이겨 내지 못하고 동굴에서 도망치고 만 호랑이는 조금 안쓰럽기도 했습니다. 이후 호랑이 부족은 어떻게 됐을까요?

건국 신화를 읽을수록 오늘날 우리의 삶과 비슷해 놀라웠습니다. 그렇게 선사 시대가 새롭게 다가오니 박물관에 전시된 석기 시대의 돌멩이도 위대한 발명품처럼 보이더라고요. 손에 맞게 만들려고 수없이 돌을 다듬으며 그 사람들은 무슨 생각을 했을까요? 무엇보다 선사 시대와 건국 신화는 유적, 유물, 기록이 많지 않아서 상상하는 재미가 쏠쏠했습니다.

이 책을 쓰는 동안 신라의 수도 경주, 금관가야의 중심인 김해, 탐라국이 시작된 제주의 삼성혈을 다시 둘러보았습니다. 김해 구지봉에서 하늘을 올려다보았고, 수로왕비릉에 있는 파사석탑도 보았어요. 경주 천마총에서는 신라 사람들이 어떻게 백화수피를 구했을까 생각했습니다. 경주 시내 한복판에 거대한 왕릉을 만들던 당시 신라의 정치 상황도 떠올려 보았지요. 국립경주박물관에서 본 사슴뿔 모양의 금관도 잊을 수 없습니다. 제 고향이기도 한 제주에서는 푸른 바다 멀리, 수평선 너머에서 배를 타고 오는 세 사람을 상상했어요. 그들에게 어떤 이름을 붙여 주면 좋을까? 어린 시절 듣고 자란 탐라국 신화는 이번 기회에 더 깊고 새롭게 바라볼 수 있어서 좋았습니다.

훗날 기회가 되면 고조선, 고구려의 건국 신화 속 현장도 살펴보고 싶습니다.

이 책을 쓰는 동안 많은 분의 도움을 받았습니다. 먼저 역사학자와 역사 전문 기자들이 쓴 좋은 글을 많이 참고했습니다. 흥미로운 주제의 역사 다큐멘터리 방송도 큰 힘이 되었습니다. 그분들의 치열한 문제의식에 감탄하며 많이 배웠습니다. 감사한 마음을 전하고 싶습니다.

또 부족한 원고를 읽고 따스하게 조언을 해 주신 박은봉 작가님, 고진아 선생님, 원고를 꼼꼼하게 살펴 끝까지 완성할 수 있도록 격려해 주신 김혜선 편집장님, 신라와 가야의 역사 현장을 안내해 주신 사공선 선배님과 몇 년 전 역사 공부와 글쓰기에 집중할 수 있도록 배려해 주신 조경아 사서님께도 이 자리를 빌려 고맙다는 인사를 하고 싶습니다.

2024년 봄,

문부일

참고한 자료들

책

『논형』
『당서』
『삼국사기』
『삼국유사』
『삼국지』
『아방강역고』
『위서』
『일본서기』

『나의 문화유산답사기 – 일본편』, 유홍준, 창비, 2020.
『다른 게 나쁜 건 아니잖아』, SBS스페셜제작팀, 꿈결, 2012.
『매콤달콤 맛있는 우리 고전 시가』, 한기호, 사계절, 2016.
『새로 쓰는 제주사』, 이영권, 휴머니스트, 2005.
『세계 시민 교과서』, 이희용, 라의눈, 2018.
『신화 리더십을 말하다』, 고운기, 현암사, 2012.

『이야기 한국고대사』, 조법종 외, 청아출판사, 2013.

『이이화 한국사 이야기』, 이이화, 한길사, 2008.

『제주 역사 기행』, 이영권, 한겨레신문사, 2023.

『키워드 한국사』, 김성환, 사계절, 2009.

『테라 인코그니타』, 강인욱, 창비, 2001.

『하늘의 나라 신화의 나라』, 이기봉, 덕주, 2021.

『하룻밤에 읽는 한국사』, 최용범, 페이퍼로드, 2019.

『한국 고대사 산책』, 한국역사연구회, 역사비평사, 2017.

『한국 속의 세계』, 정수일, 창비, 2005.

기사

「경주 김씨는 흉노왕의 후손일까」, 매일경제, 2019. 8. 8.

「고구려 건국신화 다시 읽기」, 매일경제, 2022. 4. 14.

「고구려·신라·백제에 가야·부여 더한 5국 시대로」, 한국경제, 2021. 11. 1.

「고대 집권국가화와 불교 수용」, 월간중앙, 2018. 12. 17.

「나무와 말, 이승과 저승을 연결하다」, 주간조선, 2023. 5. 9.

「단군·탐라·신라, 단일민족 신화 아닌 '종족 통합 신화'였다」, 경향신문, 2018. 11. 8.

「뱀의 몸에 기름을 뿌리고 불을 당기니」, 오마이뉴스, 2008. 10. 19.

「사적 경주 불국사와 국보 경주 석굴암 석굴을 통해 본 통일신라의 시대정신」,
　　　　문화재사랑, 2021. 12. 30.

「쇠처럼 단단한 '가라 土器'… 부여 기마군단이 전수한 철기문화 덕분」, 문화일보, 2020.
　　　　7. 15.

「암각화에 새긴 '신석기 시대 풍속화'」, 경향신문, 2022. 12. 5.

「제주옛썰」, 제주투데이, 2021. 2. 3 ~ 2022. 5. 15.

「조선 초, 제주는 특산물 진상의 역사」, 헤드라인 제주, 2019. 9. 26.

「중국이 벌벌 떨며 조공까지 바친 흉노, 신라 김씨의 조상일까」, 경향신문, 2021. 10. 5.

「힘든 차례상을 두 번씩이나? 제주의 신을 위한 '문전제'」, 연합뉴스, 2023. 9. 29.

영상

〈2010 탐사보고, 동명루트를 찾아서〉(KBS 신역사스페셜 23회), KBS, 2020.
〈'부산·제주' 사라진다, 극한의 한반도 상황〉, YTN, 2023.
〈신라왕족은 정말 흉노의 후예인가〉(KBS 신역사스페셜 3회), KBS, 2009.
〈연오랑, 세오녀 일본의 신이 되었나〉(KBS 신역사스페셜 1회), KBS, 2009.

기타

다음 백과
한국민족문화백과사전(한국학중앙연구원)